Sag es mir
Fragen an das Leben

Sinnige und heitere Verse

Fred Michael Heidler

novum pro

Dieses Buch ist auch als
e-book
erhältlich.

Bibliografische Information
der Deutschen Nationalbibliothek:

Die Deutsche Nationalbibliothek
verzeichnet diese Publikation in
der Deutschen Nationalbibliografie.
Detaillierte bibliografische Daten
sind im Internet über
http://www.d-nb.de abrufbar.

Gedruckt in der Europäischen Union
auf umweltfreundlichem, chlor- und
säurefrei gebleichtem Papier.

© 2025 novum publishing gmbh
Rathausgasse 73, A-7311 Neckenmarkt
office@novumverlag.com

ISBN 978-3-7116-0453-8
Lektorat: Mag. Eva-Maria Peidelstein
Umschlagabbildung:
Rodjana Poungtum | Dreamstime.com
Umschlaggestaltung, Layout & Satz:
novum Verlag
Autorenfoto: Fred Michael Heidler

www.novumverlag.com

Druckprodukt mit finanziellem
Klimabeitrag
ClimatePartner.com/16547-2311-1001

Lebensmotto

Komme, was wolle,
bleib ruhig
und gelassen
jetzt in deiner Rolle!

Fürchte nicht
Betrübnisse mit Graus,
mach einfach im Leben
das Beste daraus!

Frage nicht ängstlich,
wo führt das alles hin,
auch dein Leben hat
seinen rechten Sinn!

Sag es mir. Fragen an das Leben
Sinnige und heitere Verse

Inhaltsübersicht

I

Vorworte

Alles hat seine Zeit!

Liebe Leserinnen und Leser,
sind Sie bereit,
in Mußestunden
das Leben in Gedichten
und Erzählungen
mit zu erkunden?
Mit listigem Schmunzeln,
gar mit Stirnerunzeln?

Bald werden Sie entdecken
die Geister von Goethes
Gedichten, Schillers Balladen,
von Wielands sinnigen Texten,
Heines politischen Moritaten,
von Hesses Gartengedichten,
von Rilkes weisen Gedanken.
Heute lassen ihre Geister sich
wieder zum Leben erwecken!

Unbedingt zugleich
das Spiel mit Worten
zu jeder Zeit verorten,
fröhlich, ernsthaft, sinnig,
mit Witz und Spaß,
locker, trocken
alle guten Geister locken.
Das wäre doch was!

Sich an Erich Kästners
Tipps seiner Hausapotheke
zu erinnern, an Christian
Morgensterns Galgenlieder,
an Eugen Roths heitere Verse,
an den Schatz von Ringelnatz.
Noch 'n Gedicht von Heinz Erhardt
lese ich immer gern wieder!

Allen Leser*innen

mit Spaß an Gedichten,

am Dichten mitnichten

wünsche ich viel Freude

beim Mit-Sinnen

und Neugierig-Lesen.

Werden Sie es merken?

Sie sind dabei gewesen!

Selbst bei so manchen

berechtigten Wort-Bedenken,

die ausgewählten Texte

mögen, liebe Leser*innen,

Ihnen für den Lebensalltag

gute Gedanken und

Sinnenfreude schenken!

Liebe Leserin, lieber Leser!

Im Leben
was bringt uns weiter?
Die Tageslosung vielleicht:
„Sinnig und heiter"!

Gute Unterhaltung
mit Sinn-Vergnügen!
Beim Lesen wird
manches sich fügen!

Wünsche Ihnen insoweit
eine gute Lese-Muße-Zeit!

Ihr Fred Michael Heidler

Dezember 2024

II

Begegnungen

Wie miteinander umgehen?

„Der Mensch wird am DU zum ICH!"

(Martin Buber, Ich und DU. Reclam jun.
Verlag Ditzingen 2021, S. 16 ff).

„Die Nächstenliebe leugnet keiner,
doch ist sie oft nur leerer Wahn,
das merkt man am besten in einer
stark überfüllten Straßenbahn.
Du wirst geschoben und musst schieben,
der Strom der Menge reißt dich mit.
Wie kannst du da den Nächsten lieben,
wenn er dir auf die Füße tritt?"

(Heinz Erhardt. Die Gedichte. Lappan.
Oldenburg-Hamburg, 8.Auflage 2021, S.174)

Sag mir mehr von dir

Sag mir,

was dich

beschäftigt-bewegt,

auch heimlich hegt!

Sag mir,

was du magst,

was du denkst,

mir bald schenkst!

Sag mir

mehr von deinen Gedanken,

was dich bedrückt,

welche Schranken!

Sag mir,
wohin dich
deine Wege führen,
ob du gehen willst
durch offene Türen!

Sag mir,
wer du bist,
gern sein willst,
vielleicht
doch Optimist!

Sag mir,
sag mir mehr von dir.
Bitte sag es mir!

27.10.2022

Das Bild
von dir und mir

Was wäre,
was könnte sein,
das Bild
von dir und mir?

Offener,
klüger geworden,
jeder auf seine Weise,
nicht laut, gern leise.

Vielleicht doch
ein wenig weise.
Auch das hier
wäre eine Zier!

November 2022

Einfach nur mal reden

Reden über Wünsche,
Kümmernisse,
über Gott und seine Welt,
über alles, was guttut,
von Sorgen frei
uns doch gefällt!

Reden, nicht endlos
zerreden, das Wesentliche,
Eigentliche erkennen,
richtige Worte aussprechen,
niemals den Stab über
alles und andere brechen!

Reden mit offenem Herzen.
Nicht hämisch lästern,
über andere
herziehen, schmerzen
mit Hassbotschaften
von gestern!

Reden: hier Worte

mit Tiefgang, mit Substanz,

füreinander Interesse,

Verständnis zeigen,

aufeinander zugehen

ohne Vorurteil,

nicht auf Distanz!

Ausreden lassen,

Zeit geben ohne Eile,

Druck wegnehmen,

Stress abbauen.

Chancen nutzen

zu vertrauen.

Gefühlt ist da

kein Platz für Langeweile!

Die Rede ist
von guten Gedanken,
vom Abbau
belastender Schranken,
vom ehrlichen Wort,
das befreit.
Rede ist von Einsichten,
zu neuen Wegen bereit!

Juli 2021

Schenk mir ein wenig Zeit

Könnten wir oft zusammen sein,
gemeinsam musizieren,
singen – das wäre fein.
Gedankenaustausch offen pflegen,
zuweilen geheime Wünsche hegen!

Könnten Theater, Konzerte buchen,
das Stadtpark-Theater besuchen,
schönen Klängen, Stimmen dort lauschen,
an Mozart, Beethoven, Schubert, Brahms,
auch an Chopin uns berauschen!

Könnten behaglich uns im Café
mit heißem Tee erwärmen,
Gedanken fließen lassen
und ausschwärmen,
zugleich Süßes naschen,
leckeren Sahnekuchen essen,
bitte das nicht vergessen!

Wir könnten, wir könnten, wir könnten …

Zeit verschenken.
Das ist guter Brauch,
miteinander reden,
bedächtig sein,
nicht kränken auch!

WIR können alle nur gewinnen,
so WIR immer uns daran halten:

Zeit mit Sinn, mit Ziel,
mit Inhalt gut gestalten.
U n s e r e Zeit mag
– von innen –
so schnell nicht verrinnen!

Juli 2022

Verstehen ist mehr

Verstehst du mich?
Ich versteh' dich nicht!
Im Gespräch erlebt so oft,
auch täglich unverhofft.

Verstehen. Verständigen.
Verstehen ist weit mehr!
Sich in andere hineinzuversetzen,
die Persönlichkeit wertzuschätzen.

Verstehen – mit Sinn –
sinnhaft am Anderen orientieren,
mit-denken, mit-sinnieren,
sich öffnen, sich nicht reservieren!

Verstehen, erkennen,
in andere Gedanken einbinden,
mitempfinden in Empathie,
mit-zu-einander in Sympathie.

Verstehen, Verständnis
zeigen in Zuwendung,
mit Toleranz und Respekt,
gegenseitiges Vertrauen weckt.

Verstehen, sozial handeln,
Vorurteile, Ungerechtes überwinden,
solidarisch zusammenstehen,
gemeinsam neue Brücken gehen:

Verstehen ist … mehr!!!

Oktober 2022

Prima, hast du gut gemacht!

Lob – viel zu wenig

gegeben – bedacht,

das uns bestätigt,

hilft, gern motiviert,

zu neuem Tun uns führt.

Lob ist wichtig

für uns, für unsere Seele,

dass wir auf diesem Weg

richtig geführt,

auch Ich nicht fehle!

Lob verleiht neue Kräfte,

gibt uns neue Impulse,

stärkt unsere Lebenssäfte,

macht neue Energien frei.

Wofür? Was es auch immer sei!

Lob – ehrlich gesagt – tut gut,
wenn es immer in uns ruht.
Mag, lässt uns stärken,
bewegt uns oft
zu neuen guten Werken.

Jedoch unverdient,
zu viel davon unbedacht,
weckt den Übermut,
lockt auf falsche Wege.
Und das ist nicht gut!

Dezember 2022

Komm mal runter

Komm mal runter
vom hohen Ross!
Mach dich locker,
alter Zocker,
auf deinem Hocker!

Von anderen
Seiten betrachtet –
beizeiten –
lässt sich offen
trefflich streiten!

Diesmal dann,
ab und zu mal
auf kleiner Bühne
bist DU stets
der Kühne!

Neue Erfahrungen
sind es uns wert!

30.03.2023

Die Kraft der Worte

W o r t e sind Balsam

Süßer Honig in Poesie.
Sanft in Trauer, in Trost,
reich an Zufriedenheit
für unser Lebensglück.
W o r t e öffnen die Welt
uns mit neuem Blick.

W o r t e sind Flügel

Beleben unsere Gedanken,
befreien von Schuld, von
Kränkungen, seelischer Last,
überwinden Schranken.
W o r t e können Impulse geben.
Dafür sollten wir danken!

Worte sind Leben

Tiefen des Ozeans gleich,
noch unergründbar oft,
doch voller Geheimnisse,
der Zukunft ungewiss.
Worte lassen uns entdecken,
neue Kräfte,
neue Energien wecken!

22.12.2022

Sich auf das Wort verlassen

Wer kennt das nicht,
das Gefühl, das Empfinden,
will es nicht glauben,
muss verstehen!
Will nicht hassen,
muss es verwinden,
will auf das Wort
sich verlassen!

Kommt es anders,
allzu-oft-unverhofft,
ist man doch
allein gelassen.
Um das besser zu ertragen,
muss man es ansprechen,
muss es offen sagen,
wie es sich zugetragen!

22.08.2023

Nobody is perfect
Kleine Moritat entdeckt

Perfekt gestylt,
von Kopf bis Fuß
influencer-like-filed!
Ist das ein Muss?

Perfekt präsentiert,
„König Kunde" hofiert,
hübsche Tische, für Gäste
immer nur das Beste?

Perfekt beweisen, zu lieb,
das in allen Lebensdingen!
Unmöglich, das Prinzip
in ein Korsett zu zwingen!

Perfekt -immer und viel?
„The First to be at the top!"
Schnell wird dies Ziel
zum großen Flop!

Perfekt? Kurzum gecheckt:
Hier ist viel zu viel Respekt!
Nützlich – öfter mal Ordnung
in eigene Gedanken bringen,
ohne sich dabei zu zwingen.
Und das praktisch täglich,
ist gewiss nicht schädlich!

„Nobody is perfect!" So erkannt,
warum, weshalb, wie bekannt,
mag solcher Spruch besänftigen,
manche Schwächen kaschieren,
um ja nicht zu verlieren?
Da ist – so gesehen – doch wie
zuletzt nur sanfte IRONIE!

26.01.2023

Mehr oder Weniger
Wort-Sinn-Parabel

Vom Viel – zu viel!
Vom Wenig – zu wenig!
Zu wenig – mehr!

Mehr – noch zu wenig!
Wenig – noch zu viel!
Vielmehr – immer mehr!

Je mehr – desto weniger!
Weniger – immer weniger!
Nichts – desto – weniger!

Worte schaffen,
bauen Wort-Gerüste!
Worte mit Worten steigern?

Wortinhalte aufrüsten,
nach Gutdünken,
in Absicht mit Gelüsten?

Was ist uns wichtig?
Wann ist, wäre
„Weniger ist mehr!"
dann sogar richtig?

Kommt darauf an,
ob man tatsächlich
mit „weniger" dann
mehr erreichen kann!

„Mehr oder weniger"!
Irgendwie, irgendwann
werden Vokabeln im
Zusammenhang wichtig.

Richtig zur Rede gestellt,
zur Rede gewendet,
ist die Satzaussage
damit schon beendet?

Das richtige Wort,
das Wort-Gerüst
mit Sinn kombiniert,
trefflich gewählt,

mit Augenmaß
zur richtigen Zeit,
zu passender Gelegenheit,
tut unserer Sprache gut!

Dazu braucht's
ein wenig Mut!
Das ist in der Tat,
was wirklich zählt!

08.08.2023

Formen-geformt-genormt

Formen –
geformt werden –
erlitten –
geformt sein –
durchschritten
mit Gottfried Benn –
wozu?

Formen –
erstritten –
wahrhaft ehrlich –
für Arbeit, Beruf,
Technik, Wirtschaft,
so im Alltag
unentbehrlich!

Formen –

Regeln-Normen –

formatierte Sicherheit,

wenn unbedacht,

nicht zum

Heil geschickt,

doch schicksalhaft!

Formen –

zur Persönlichkeit

geformt –

erzogen sein –

Richtungen vorgegeben,

so immer sorgenfrei

für das ganze Leben?

Formen –
ICH werden.
ICH sein.
Bedürfnis stimmig –
mehr selbst statt
fremdbestimmt –
braucht Freiraum
gut gesinnt!

Formen –
WIR –
gemeinsam
mit sozialem Sinn
zusammen sein,
mehr Solidarität,
nicht bloß
sozialer Schein!

Formen –

DU –

sorgsam bedacht.

Am DU der Mensch

zum ICH geformt,

immerwährend

sinnhaft, nicht

reglementiert genormt!

22.05.2023

Anders – anderes Sein

Anders

Du bist anders!
Ich bin anders!
Es ist anders!
Geheimnis?
Ist die Welt
Wo-anders?

Anders

Was Dein Ziel,
Deine Sicht,
Dein Beginn,
Unser Sinn?
Gemeinsam ist
von anderem Gewicht!

Anders sein wollen

Selbst gewählt,
freier Wille hier zählt!
Manche Besonderheit,
doch einfach nur
sind wir Menschen
von gleicher Natur!

Andersartig nennen

Definiert-etikettiert,
richtet Barrieren auf,
festgeschrieben
dauerhaft,
gedankenlos nehmen
wir dies in Kauf!

Anders denken

Den Blick in andere
Richtung lenken.
Hürden überwinden!
Offen sein!
Neue Wege suchen –
finden!

Anders –
anders leben,
andersartig sein,
heißt nicht
abseits stehen zu
müssen, für immer
sozial ausgegrenzt
zu sein!

April 2023

Ironische Gedanken

Ironie – ironisch werden –
warum, wieso, aber wie?
Besser gar nicht oder nie?
Solche Fragen zu stellen,
Ironiker sind schnell zu verprellen!

Ironie offenbart viele Schwächen,
will verteidigen, vielleicht sich rächen
für das allzu offene Wort,
zum falschen Zeitpunkt,
am falschen Ort.

.

Ironie indes mit feinem Witz,
auch mit kritischem Sinnen,
deckt auf, was sonst verborgen
an Weitsicht und täglichen Sorgen,
was innen ist, wirklich drinnen.

Ironie zuweilen

weist auch neue Wege,

weckt Impulse häufig

für Geist und neues Denken,

kann in neue Bahnen lenken,

muss nicht kränken!

Ironie – selbstironisch sein,

nicht sarkastisch reiben,

nicht zerstören, nicht übertreiben,

sich selbst in Frage stellen,

einmal anders sein wollen

mit Wort-Tat in manchen Rollen.

Niemandem Rechenschaft zollen!

03.09.2022

Wie Katz und Maus
Satire-Wortspiel

Ein lustiges Spiel
mit welchem Ziel?
Wer spielt die Katz,
wer die Maus?

Wen juckt die Laus,
wer lockt wen,
fordert wen heraus?
Vielleicht die „kleine Maus"
den „großen Klaus"!

Oder umgekehrt,
was den wenig schert,
weil der womöglich
hat's ihr verwehrt,
war hier vielleicht verkehrt!

Wie geht das Spiel nun aus?

„Kleine Maus" einfach schneller,

versteckt sich keck „im Keller".

Der „große Klaus" – perplex,

„kleine Maus" ist weg mit Schecks!

Zum Spiel mehr keine Lust

plagt „großen Klaus" der Frust,

verlässt verstört das Haus.

Das Spiel – lustig zunächst –

ist jetzt zu Ende – AUS!

Was sagt uns das

nicht mal soeben

vielleicht auch

für das Familienleben?

Die Situation wirklich krass!
Wem macht Katz-und-Maus-
Spielen dann noch Spaß?

Und in diesem Fall genauer:
Wer war hier wirklich
klüger, schlauer?

12.07.2023

Eifersucht – das Duell

„Du wagst es,
mich zu betrügen,
immer die gleichen
Ausreden und Lügen!

Du wirst schon sehen,
ich pack' die Koffer,
bestell' das Taxi,
werde für immer gehen!

Vorher schon gewusst,
immer der gleiche Frust,
habe jetzt von dir genug,
von Gemeinheiten und Betrug!

An allem bist
DU nur schuld!
Schluss ist's jetzt
mit meiner Geduld!"

„Da war nichts!
Es ist nicht, wie DU denkst,
verurteilst immer gleich,
was DU nicht kennst!

Mich verzehren? Was sagen?
Was wozu erklären?
Es gibt keinen Grund,
im Streit mich anzuklagen!

Und jeder Streit befreit,
vergeht so mit der Zeit!
Warum schimpfen, „tösen",
jedes Problem lässt sich lösen!

Beim besten Willen
überdenken im Stillen,
macht's leicht zu entscheiden
zum Wohl so uns beiden!"

Zu guter Letzt
der Schlichter jetzt:

„Genug gefetzt!
Raus aus der Krise!
Vernünftig miteinander
reden, geduldig zuhören,
mit Respekt, was gewiss
neue Perspektiven weckt!

Einander mehr vertrauen!
Gemeinsam in die Zukunft schauen!
Soll der Eifersucht wegen
immer gleich die Erde beben?
Wir wollen alle doch das gute,
stressfreie schöne Leben!

Und verflixt und zugenäht!
Warum kommt die Einsicht –
zumeist vielen – oft zu spät!“

10.07.2023

Gegen Neid gefeit?

Wie oft führen
Missgunst und Neid
unter Menschen
unerbittlich zum Streit,
zu Aggressionen,
zu großem Leid!
Nachdenken
in aller Ruhe!
Dieses Mein-Dein –
muss das sein?

Braucht der Mensch –
Urzeiten gleich –
den Kampf,
um zu überleben?
Auf Wettbewerb schauen
unter seinesgleichen,
sich zu messen,
sich zu vergleichen,
statt bewusst selbst
sich zu vertrauen?

Es ist wohl einfacher,

zu behaupten, zu klagen,

das Leben sei so ungerecht,

anderen gehe es viel besser,

selbst nur bescheiden,

mehr schlecht als recht

und mag sich

selbst nicht leiden!

Hilft das echt, mit Recht,

Mitmenschen zu beneiden?

Um das ehrlich einzugestehen,

sind wir alle gegen Neid gefeit,

wirklich zu Einsicht,

zu Veränderungen bereit?

Könnten eigene Lebenslagen

doch kritisch überprüfen,

Chancen erkennen, nutzen,

Zuversicht gewinnen, pflegen,

mal anders empfinden im

oft unzufriedenen Leben!

02.08.2023

Sturm im Wasserglas hat doch was!

„Nicht mit mir,
das sag ich dir!
Wir sehen uns bei Gericht!
Anders geht das nicht!"

Stürmische Zeiten
im Gericht wie auf hoher See,
hart am Wind der Deal, der Dreh,
wenn die Parteien sich streiten!

Sturm im Wasserglas,
mal Schnee – schönes Bild,
wenn Schneeflocken fein rieseln,
anders das Glas mit Kieseln!

Hat Rieseln-Kriseln sich gesetzt,
wird nicht mehr geschüttelt und gefetzt
unter streitbaren Brüdern-Schwestern,
war das nur „Schnee von gestern"!

09.07.2023

Familien-Sinn –
immer ein Gewinn!

Familie … Gedanken.
Schau zuerst hin,
wo ich geboren bin,
als Kind behütet,
fröhlich in Jugendzeit
erwachsen werden.
Ohne Sorgen geworden,
gefühlte Welt in Sicherheit.

Familie … Wurzeln.
Eingebunden in Tradition,
Wege gezeigt, Ziele gesetzt,
für das Leben vorgegeben.
Wert, darüber nach-zu-sinnen.
Eltern uns das Leben schenken,
sorgsam durch Krisenzeiten
das Familienschicksal lenken.

Familie … Bindung.
Feste Burg, Rückzugsraum.
Sicher aufgefangen mit
Rat und Tat in seelischer Not.
Miteinander, füreinander
solidarisch sein,
Zusammenhalt und Vertrauen
für uns immer das erste Gebot!

Starker Familiensinn,
das ist für jeden – uns
immer- ein Gewinn!
Diese Einsicht, dieser Blick
müsste auch Beispiel sein
für eine sozial gerechte
staatliche Familienpolitik!

21.02.2023

Ach ja! Schwiegermütter!

Schwiegermütter sind so ein Problem,
wollen nicht freigeben – seit ehedem –
ihre Töchter und Söhne,
in oft rauem Ton und Klang:
„Männer sind nur zum Zeugen da!
Das Kind gehört mir lebenslang!"

Und mit der Zeit-meint man,
„das große Kind" sei
zur Partnerin/zum Partner gereift,
erscheint die Schwiegermutter
auf der Bühne die Kühne
mit manchen Tricks unter vielen,

alle gegeneinander auszuspielen.
Und kraftvoll mit aller Macht,
auch telefonisch bis in tiefste Nacht,
ihre Wirkungspotentiale zu testen,
am liebsten und am besten
zu vielen großen Familienfesten!

Nichts ist der Dame heilig und recht,

was so der Putzfrau sauber richtig,

sie redet alles schlecht –

natürlich und ausführlich –

selbst „die Bilder hängen schief",

nur i h r e Meinung sei wichtig!

Und überhaupt – zum Urteil geschraubt –

zum Schwiegersohn, zur Schwiegertochter:

„Hab' es immer schon gewusst:

Das war die falsche Wahl!

Der/die passt mir nicht!

Mir alles Gräuel – viel Qual!"

Widerworte – reizvoll dagegen

auch mal zu wagen –

mein Gott!

Was kann man da erleben!

Wutausbrüche, weinerlich die Klagen.

Wer weiß schon, warum, weswegen!

Muss nicht immer so sein!!!

Es gibt auch gute Schwiegermütter:
liebenswert, sensibel, herzlich vertraut
mit Schwiegerkindern und Enkeln
in vorbildlicher Weise!
Dazu braucht's Güte, Herzensbildung,
auch guten Zusammenhalt
im weiten Familienkreise!

Und Schwiegerväter –
in der Tat mit gutem Rat –
könnten, sollten auch
mehr Mut beweisen,
hilfreich Flagge zeigen
in diesen zuvor
genannten Kreisen!

10.07.2023

Ehe ohne Vertrag
Klettern ohne Seil

„Wozu Ehevertrag,
der recht kompliziert,
den keiner mag.
Wollen immer vertrauen
einander lebenslang –
so Tag für Tag!"

Vertraut getraut ohne Sorgen?
Kommt unverhofft der Morgen,
die Trennung, gar die Scheidung,
dann regelt mit Vernunft und Sinn
Paragraf 1363 BGB den Zugewinn.

Der gemeinsame Gewinn,
wie auch der Verlust dann,
je zur Hälfte gleich verteilt,
doch sehr strittig wird zumeist
daran haargenau gefeilt.

Kurzum: Vertrauen versprechen,

dann das Versprechen brechen?

Das ist so eine Angelegenheit!

Die „große Liebe" erst – bald

der Streit um Kinder und Finanzen.

All das ließe sich vermeiden

v o r der Heirat im großen Ganzen.

Die praktische Lösung im Visier,

hier vernünftig vorher bedacht,

so Ärgernisse und Konflikte

man sich klug vom Leibe schafft.

Ratsam für alle Fälle der Vertrag,

wichtig notariell gut beraten,

um nicht ins Unglück zu geraten!

Die Regel ist bekannt:
„Pacta servanda sunt“,
das aus gutem Grund,
Verträge sind einzuhalten!
Und das nicht vergessen:
Nach eigenem Willen, Ermessen
darf keiner mehr schalten, walten!

Summa summarum und darum –
ohne juristischen Schimmer –
nimmer! Sonst wird's schlimmer!
Rat zu Hei-Rat und Hoch-Zeit:
Ehe m i t Vertrag – immer! Weil
eine Ehe ohne Vertrag,
ohne Absicherung und Sicherheit,
ist wie Klettern am Berg – ohne Seil!

18.07.2023

Die Erbschaft –
ein Satire-Wortspiel

Erben – vererben …
So einfach geht das nicht,
erst muss man sterben,
stehen vor Gottes Gericht!

Schon zu Lebzeiten „was erben"?
Bitte dann immer freundlich
mit fürsorglichen Taten
sich um das Erbe bewerben!

Erben führt dann ins Verderben,
hinterlässt der Erblasser unerwartet
„sein Holz mit zahlreichen Kerben",
gibt's wenig oder nichts zu vererben.

Auch große Gier „nach erben"
kann vieles verderben,
lässt Hab und Gut schrumpfen,
zerschlägt in Generationen Erspartes
alles komplett zu Scherben!

Klagen da erb-unwürdige Erben:
Das Leben ist/sei so ungerecht,
hinterlasse der Erblasser nichts mehr,
ging's uns allen sehr schlecht!

„Wer bezahlt die Trauerfeier,
Rechnungen zu Grabstein und Särgen?
Bleibt dann noch was übrig,
auch für uns Pflichtteilerben?
Oder gar für andere Schergen?"

Und die Moral

von der „Geschicht“:

Auf reiches Erbe zu hoffen,

ohne Zutun und Verdienst,

das lohnt sich nicht!

Juli 2022

Unsere Ahnen

Wissen wir, woher
unsere Ahnen kamen?
Sie konnten voraussehen
oft jeden Schritt,
was kommt, was sein wird.

In welchen Bahnen
Generationen folgen
auf guten Wegen,
auch untergehen
„mit fliegenden Fahnen".

Wollten die Zukunft
vor Unheil bewahren –
„in weiser Sicht".
Generationen schätzen
dieses „zweite Gesicht".

Es lohnt, zu forschen
nach Hunderten von Jahren,
noch mehr zu erfahren,
wie unsere Ahnen lebten,
dachten, woher sie kamen!

28.07.2023

Heimat – nur ein Wort

Heimat
„Das Land, wo unsere Wiege stand"?
Flucht und Vertreibung erlebt,
wirklich nie gekannt?

Heimat
Sehnsuchtsbilder – Da-Sein-Wollen,
Gefühle – Sicherheit, Geborgenheit,
man sich kennt, einander hilft – jederzeit.

Heimat
Gedanken, Werte, Kultur,
Tradition man nicht vergisst,
oft vermisst auf jeder Reisetour.

Heimat
Menschen hier uns vertrauen,
die wir schätzen, lieben,
auf die wir können, wollen bauen.

Heimat
Unsere Welt.
Welt, in der wir leben wollen,
wir zuhause sind – immer dort,
wo, wann es uns gefällt.

Heimat
Sehnsuchtsort, Sehnsuchtsland,
überall: hier, jetzt und dort.
Sinn, Inbegriff aller Wünsche,
Unser <u>Zauberwort!</u>

August 2022

Zeitgeist-Moritat

Welch ein Zeitgeist,
wenn jeder
nur an sich denkt!
Zum eigenen Vorteil
nur entscheidet,
den Nutzen in die
eigene Tasche lenkt,
sogar den Partner
noch „bescheißt"!

Wäre tatsächlich Zeit,
dass man/frau solch
Denken und Verhalten
in die Schranken weist.
Nicht Regellosigkeit,
Nicht Eigen-Sinn,
soziale Regeln braucht's,
das Zusammenleben
zu erhalten, zu gestalten.

Achtsam, hilfsbereit sein,
für andere – selbstverständlich!
Empathie, Solidarität pflegen,
könnten mit guten Sinnen
WIR alle nur gewinnen!

Bist DU irgendwann
unerwartet dann
selbst in den Miesen,
bist Du auch auf das
Miteinander angewiesen!

Das öfter mal bedenken
heißt jetzt, nicht zuletzt,
wirklich, es ist nicht schwer,
anderen einfach mehr
Aufmerksamkeit zu schenken!

Hierzu Mut – tut gut!

31.03.2023

Gutmensch –
Zu viel des Guten?

Allzu oft
zeigen Momente
des Lebens:
Der Gutmensch ist
unterwegs vergebens.

Soll man dann
sogleich ihm raten:
nicht zu viel
von den guten Taten?

Antworten mögen
Menschen geben,
die aufrecht stehen
mitten im Leben!

03.09.2023

III

Lebensfreude-Lebensglück
Warum verzichten

„Das ästhetische Wiesel.

Ein Wiesel

saß auf einem Kiesel

inmitten Bachgeriesel.

Wisst ihr weshalb?

Das Mondkalb

verriet es mir

im Stillen:

Das raffinierte Tier

tat's um des Reimes Willen."

(Christian Morgenstern – zum Vergnügen.

Reclam. Stuttgart 2009/2014, S. 45-46)

„Das Glück.

Siehst du das Glück, lauf hinterher.

Sei dazu – nicht zu träge.

Bedenk – das Glück geht meist

recht eigenart'ge Wege.

Wenn du mit Laufen nichts erreichst,

so kriech, wenn man dich kriechen lässt.

Gib niemals auf, greif nach dem Glück.

Und hast du Schwein – dann halt es fest."

(Heinz Erhardt. Die Gedichte, a. a. O. S. 120)

Humor … lustig-listig

Das wäre

doch gelacht,

wenn Humor

das nicht schafft,

was sonst nicht

gelingen mag,

Jahr für Jahr,

Tag für Tag!

Humoriger Witz

lustig-listig,

hintersinnig,

stimmungsvoll,

zumeist erfreut.

Ein fröhlich' Wort

niemanden

dann auch scheut!

So lockt Humor
manch Tor
aus der Reserve
hervor.
Entspannt –
wie bekannt –,
befreit
oft genau
zur rechten Zeit!

31.05.2023

Ahnungslos-atemlos.
Ein Wortspiel bloß

„Atemlos durch die Nacht…!"
Vielerorts gern gesungen
mit Helene Fischer ungezwungen,
bis zur Erschöpfung entfacht
getanzt – beschwingt – so mitgelacht.

Hat mich auf die Idee gebracht,
ob da ein/e Jemand – fraglich –
in unserem schönen Land
durch die Nacht traumlos irrt,
vielleicht geistig abseits, verwirrt,
das Zuhause nicht mehr finden kann.

Hätte jemand dann und wann
dies alles zuvor bedacht,
wäre er/sie nicht ahnungslos-
atemlos aus dem Traum erwacht.
Das Wortspiel flugs soeben
zum Spaß mal ausgedacht.

09.09.2023

Der verlorene Regenschirm
Tücke des Objekts

Le Parapluie –
man braucht ihn
selten, vielleicht nie,
immer ist er weg, steht,
liegt nie am richtigen Fleck!
Kann es heut nicht fassen,
habe das gute Stück
wieder mal stehen lassen!

Neuen Parapluie kaufen,
die Lösung dann,
weil das jeder macht,
zumeist sich leisten kann?
Soll das damit enden,
dass wir ständig
so gutes Geld
verschwenden?

In der Tat: mein Rat!

Regen ist eine gute Sache,

gerade in letzter Zeit

nach großer, langer Trockenheit!

Stehst DU im Regen nur,

wirst schneller wachsen

wie Pflanzen und Bäume

in freier grüner Natur.

Regentropfen werden

DIR nicht schaden,

heißt es schon seit

frühen Kindertagen!

Kommt Blitz und Donner dazu,

sicheren Ort aufsuchen,

nicht unter Bäumen,

nicht unter Buchen!

Ist das Blitz-Gewitter
endlich dann vorbei,
kein Freudenschrei!
Spät merkst, jetzt checkst,
der Parapluie – vergessen,
verschludert, verloren –
bleibt – sozusagen ständig –
TÜCKE DES OBJEKTS!

03.08.2023

Da wird der Hund doch
in der Pfanne verrückt!

Jetzt oder nie!
Den Hund in die Pfanne!
Der Koch – vom Braten
schon ganz entzückt,
in den Traum entrückt –
freut sich zu früh!

Der Hund nun –
kein Wunder, putzmunter –
den Baten gerochen,
weil heiß seine Knochen,
könnt' ein Liedchen davon singen,
flugs aus der Pfanne springen!

Wirklich! Nicht zu fassen!
Unglaublich diese Panne!
Was aber soll der Hund –
sonst fidel und gesund –
knusprig-cross gebraten
in der Bratenpfanne?

Die Idee – ein dicker Hund!
Ziemlich verrückt!
Der Braten …
So nicht geglückt!
Weil war dabei
Viel EULEN-SPIEGEL-EI!"

17.08.2023

Wochengebet
eines Müßiggängers

Was fang' ich nur mit dieser Woche an,
von der letzten noch matt und schlapp,
ich jetzt auch keine Lust mehr hab'!
Montags am liebsten mach ich blau –
Sagt mir schon das süße Mondkalb,
dem ich immer mehr vertrau'!

Den Dienstag ich überhaupt nicht mag!
Soll ich dienen mit Bienenfleiß
auf Geheiß, wo ich doch weiß,
es sind die Anderen,
die den Honig ernten, und das
zu meiner Last, zu deren Preis!

Der Mittwoch halbiert die Wochen,
aber nicht auf meinen Knochen!
Sobald ist die halbe Woche 'rum,
ich bin so schlau, so gar nicht dumm,
bleib' einfach zuhause – für andere
leg' ich mich nicht mehr krumm!

Donnerstag wohl fürwahr
ist der Tag der großen Gefahr!
Da schlägt – allseits bekannt –
Gott Donar mit dem Hammer zu
in unserem schönen Land.
Bete ihn an: Bitte lass mich heut in Ruh'!

Am Freitag – ich bin so frei –
bleib' ich gern der Arbeit fern.
Göttin Freya ist für mich
so sehr mein guter Stern!
Und das tut gut, gibt mir
jetzt wieder neuen Mut!

So, bald geht's dann behände
in das wirklich freie Wochenende.
An den lieben Gott zum Gruße,
in das schöne Paradies der Muße,
und das natürlich nur in die Natur,
mit Musik, Spaß, Freude an Kultur!

Sehnend süchtig spür' ich schon
vor-abends mit großer Wonne
die wärmend güldene Sonne.
Ja, es ist das höchste Glück,
mit Trick und Geschick,
dem Faultier gleich, nichts zu tun,
entspannt vom Nichtstun auszuruhen!

Im Frühling
allen Workaholics
gewidmet.

Mai 2023

Der Rentner-Pensionär
Humorige Ballade

Ja, wenn die

knappe Zeit

nicht wär'!

Nie hat er Zeit –

so gibt er vor –

die Zeit rennt

ihm davon,

ihm dünkt,

ihm scheint,

nachholen

will, muss er,

was er versäumt

zu haben meint!

Beginnt den Tag

mit großen Reiseplänen,

um das hier mal

zu erwähnen,

in Gedanken

den Globus im Blick,

mit dem Flieger –

auch per Schiff –

die Welt zu

erobern, zu umrunden.

Das auch zu bekunden.

Kostbar sind ihm

seine vielen

freien Stunden!

Muss bald

so unbedingt

seine Memoiren,

sein Familienbuch

noch schreiben,

schließlich

will er

bei den Seinen,

den Kindern,

den Enkeln,

Verwandten und

Freunden

in guter Erinnerung

verbleiben.

Im besten Falle
sollte es ein
schnelles Auto sein,
flottes Cabrio,
tiefergelegt
die Karosserie,
„gespoilt"
das Stufenheck,
macht
zu diesem Zweck
ihn mutiger,
mobiler,
dann zugleich
stabiler!

Bequem

darf, soll auch

der hohe

Auto-Einstieg sein,

möglichst

der breite

Geländewagen,

auffallend hell

oder in schwarz-

dunklen Farben.

S.U.V heißt hier das

Zauberwort sobald!

So fahren immer

Senioren*innen

unter Vorbehalt!

So mancher Rentner-

Opa-Pensionär

fährt stolz umher,

kreuz und quer

so ungefähr,

oft darauf bedacht,

zu beweisen,

was er noch kann

und schafft.

Wäre doch gelacht!

Es ist nie zu spät,

Abenteuer zu wagen

in diesen Tagen,

sich neu zu entdecken,

mutige Lebensgeister

somit zu wecken!

Beneidenswert steht

der Spruch im Tagebuch:

„Je öller, desto döller"!

Das reife Seniorenalter

ist nun mal die beste Zeit:

Der Arbeitsdruck ist weg,

auch das Familienleid.

Existenzangst –wozu?

Vorausgesetzt, es klappt

mit dem Mediziner-Check,

dann genießt er seine Ruh'!

Jetzt in den besten Jahren,

lebenslang erfahren,

kann er zufrieden sein,

ist glücklich täglich,

nichts ist mehr unmöglich!

Auf geht's!

Seniorinnen, Senioren,
bleibt am Ball!
Ihr seid jetzt dran!
Packt es an!

02.06.2023

Baustellen im Sisyphos-Modus?
Kleine Satire

Kannst DU dir das vorstellen?
Baustellen über Baustellen,
weiß schon gar nicht mehr,
bin schon hoffnungslos
mit all' meinen Sinnen,
wo soll ich nur beginnen?

Kaum bin ich dabei, die erste
von vielen abzuarbeiten –
will es nicht bestreiten –
zunächst ein gutes Gefühl,
fast am ersehnten Ziel.
Dann wird's mir schon zu viel!

War ich zuvor zuerst gut drauf,
tut sich eine neue Baustelle auf,
da packt mich der große Frust.
Keine Motivation. Muss gestehen,
hab' jetzt so mehr keine Lust,
zur nächsten Baustelle zu gehen!

Vielleicht die Lösung?

Oft hilft ein lockerer Spruch, heiter:
Was heute nicht kannst besorgen,
verschiebe das gut auf morgen!
Zuvor noch 'ne Schubkarre borgen!
Praktizieren so viele Bauarbeiter:
Geht's heute nicht – O. K.!
Dann geht's eben morgen weiter!

Baustellen werden sonst schicksalhaft,
wenn Gottes Wege oft unergründlich,
die eigenen Wege schier unendlich,
wenn Sisyphos seinen Stein vergeblich
den Berg hinauf und hinunter rollt –
sozusagen für uns beispielhaft –
In der Tat wäre das nur schädlich!

15.09.2023

Passt schon!

Was nicht passt –
so gedacht – wird gern
oft passend gemacht.

Passt die Sache – dann
und wann die Gelegenheit –
ist man sehr erfreut.

Doch einfacher und leichter,
das nicht vergessen,
vorher richtig zählen, messen!

Kostet zuletzt auch weniger,
zum Glück – kein Zurück
für das Kunstgewerbe-Stück.

Dafür gibt's dann
guten Lohn!
Gut so – passt schon!

15.07.2023

Lebensfreude –
uns leicht gemacht

„Freut euch des Lebens …" –
des Volkslieds schönes Wort.
„Geh' aus, mein Herz,
und suche Freud' …"
sagte Paul Gerhardt
schon früher „zu de Leut'"!
Das gilt überall im Leben,
hier, drüben und auch dort.

Lächeln, lachen, lustig,
fröhlich sein – nicht nur
im Fasching, Karneval!
Zusammen scherzen,
singen, schunkeln,
lustig im kleinen Kreis
mit Familie munkeln,
mit Freunden, Nachbarn,
zuhause und im Saal.

Mit bunten Kleidern

schmücken, schminken –

rote Nasen, Bäckchen,

Schnurrbärtchen malen –,

sich die Haare färben,

Perücken setzen

auf volles Haar,

auch auf die kahlen …

Büttenreden texten,

dann mit Freude lauschen,

Bützchen geben,

schnelle Küsschen tauschen …

Ist das nicht

das schöne andere Leben,

einander Glück zu wünschen,

allen zuprosten, zusammen

die Gläschen heben?

Nicht nur zuprosten,

die Gläser fassen,

unbedingt rechtzeitig

vorher sich doppelt,

drei-, vierfach impfen lassen!

Es ist so einfach,

sich zu entscheiden!

Wir wollen doch nicht sehen,

dass unsere lieben Freunde,

Nachbarn, alle Karnevalsjecken

mit Corona-Infekten leiden!

Wirklich: Es ist nicht schwer,

miteinander glücklich zu sein!

Ja, es sind die kleinen Dinge,

die kleinen Freuden,

die uns alle erfreuen!

Ob Groß oder Klein!

Zum 11.11. immer …

ein kräftiges Alaaf-Helau

ist beste Jecken-Schau!

11. November 2021

Stimmig sein

Geht's gut – gut gestimmt?
Gut drauf – gut gesinnt?
Ist die Stimmung gut,
dem Blut tut's gut bestimmt!

Was deine innere Stimme dir sagt,
folge ihr, eingestimmt, lass sie
den Weg gehen – auch gewagt –
dein Tagewerk so gut gelingt!

Vor dir Vielfalt an Möglichkeiten!
Nutze sie, dir Freude zu bereiten!
Fülle sie aus, die dir freie ZEIT!
Mach dich zum Aufbruch flugs bereit!

So gönn' dir mal ein schickes Teil Textil!
Dazu braucht's gewiss nicht viel,
um deine Stimmung anzuheben,
gut gelaunt wiederaufzuleben!

Stimmt's auch mit den Finanzen,

dann auch mal lecker essen gehen,

in Gesellschaft fröhlich tanzen.

Nach Corona in erholsamen Urlaub reisen,

kann auch den rechten Weg uns weisen!

Wir könnten, können auch anders,

wenn's – <u>innig stimmig</u> – mit uns stimmt,

dann auch keine Frage „Kann er's?"!

Dazu ein gut gewähltes stimmig Wort:

Das Für- und Miteinander nur gewinnt!

Eingestimmt-stimmig-

in guter Stimmung

zur Karnevalsession

am 11.11.2022

Ballade – Klavier spielen belebt

Ein schönes Bild:
Lustvoll mit Schwung
über die Tasten zu fliegen,
als wollten die weißen
die nahen schwarzen besiegen!

Voller, auch sanfter Klang im Raum.
Wechselspiel der Töne in Harmonie
mit Kontrapunkt, Dissonanzen –
wie sie verzaubern können – tanzen,
uns leiten in wundervollem Traum!

Ton-Spiel in Dur und Moll,
Begleitung zu Lied und Gesang
improvisiert mit Rock, Pop,
Blues, Gospel, Disco-Klang,
Bar-Sound zum Stelldichein-Start,
zum Tanz in rhythmischem Part!

Hörgenuss von beliebten Pianisten:
Lang Lang, Levit, Lisiecki, Argerich
aus aktuellen Klavier-Festival-Listen.
Konzertantes Spiel zu Klassik,
zu romantischen Klängen,
zu Schubert, Beethoven, Liszt,
Chopin. Interpretiert, intoniert,
oft frei von strengen Notenzwängen.

Warum sollten wir uns nicht trauen,
Abenteuer mit dem Tastenspiel zu wagen?
Ausprobieren, üben, nicht verzagen!
Es lohnt sich, wie wir wissen,
und das mit gutem Gewissen:
Wer Klavier spielt,
hat sein Glück bei den Frauen!

Klavier spielen bringt Spaß, Freude,

Farbe in unser tägliches Leben,

lässt Trübsinn vergessen,

uns in höhere Sphären heben,

Gedanken tragen zu den Sternen!

Mit solchen Aussichten –

sollten wir da nicht bald

das belebende Tastenspiel lernen?

Dezember 2021

Musik-Ballade
Philharmonia Westfalia vivida

Wie wird es werden
mit dem Weihnachtskonzert,
mit Händel, Debussy, Ravel,
Sibelius, Humperdinck?
Gib mir den Gedanken,
schnell den guten Wink,
jetzt das Blasorchester,
was ist es uns wert?

Georg Friedrich Händel,
Schöpfer der Zeit des Barock.
Das Concerto grosso
klangvoll erwartet.
Kraftvoll schallende
Trompeten, Tuba, Posaunen,
Schlagzeug wirbelt mit Stock,
das Philharmonie-Konzert
wird vieltönend gestartet.

Romantisch lässt Debussy

Schneeflocken rieseln,

mit Xylophon-Glockenspiel,

mit sanftem Harfenklang,

alles klingt uns traumhaft

wie Engels Gesang.

Gefühlt – es schneit wirklich,

fantasie- und klangvoll

passt das Stück,

der kleinen Tochter

liebevoll gewidmet,

so im väterlichen Glück.

Debussy führt uns

weiter in das musische Reich

der „Königin der Pagoden",

lockt vertraut sogleich

feines Trompeten-Wiehern.

Das Xylophon wirbelt,
gedämpfter Trompetenlaut
tanzt mit Vibraphon,
Röhrenglocken,
mit Gong um die Wette.
Verzaubern uns
mit großem Elan,
als wären wir alle im
fern-östlichen Diwan.

Schon wechselt das Orchester
zu Maurice Ravel,
temperamentvoll Töne fliegen,
springen fröhlich, schnell.
Schrille Trompeten-Tuba-Variationen,
dann die dumpfe Posaune,
tauschen Rhythmus und
Klangfarbe raffiniert im Wechsel.
Gong – sogleich die Pauke –
zeigen sich locker in bester Laune.

Sibelius sodann,

geschmäht von Adornos

philosophisch-kritischem Wort,

als könnte dieser

umgeben von finnischen

Wäldern und Seen dort

nur naturhaft einfache Töne wecken.

Heute lockt die Philharmonie

majestätische Fanfaren all round,

für Helden gleich, gefolgt von

tänzerisch-folkloristischem Sound.

Und bald erleben wir

Klänge aus Märchenszenen,

von „Hänsel und Gretel",

der Oper von Humperdinck.

Lauschen jetzt
fliegenden Kinderträumen –
von Engeln behütet,
sanft geleitet,
entrückt der Welt,
klingend-malerischer Wink.

Machtvoller
Hexenschrecken
plötzlich dann
mit kräftigem Trompeten
und Trommel-Schall!
Starke Bläser könnten hier
verträumte Zuhörer wecken.

Jetzt ist die besinnliche,
die fröhlich-wartende Zeit,
die Bühne weihnachtlich
geschmückt, der Tannenbaum
romantisch verschneit.
Unsere Weihnachtsfreude,
unsere Wünsche nicht weit.

Schwungvoll rauscht zuletzt
das Medley Jingle-Bells mit
White Christmas konzertant im Saal!
Wirklich! Heute Abend
ist das uns allen
ein festlich-weihnachtliches
Blasorchester-Final!

Dezember 2021

Gelungenes „Tigerfest"
im Parktheater

Chanson-Abend mit Tim Fischer –
ein Feuerwerk an Lebenslust,
Lebenselixier wider allen Frust,
Lebensfreude PUR versprüht,
jeder Funke überspringt und glüht!

Hommage an Georg Kreisler: schwarzer Humor,
Wiener Schmäh und feine Ironie,
kecke Texte, flotte Chanson-Melodie.
Vom Publikum tosender Applaus
hallte stimmungsvoll im Großen Haus!

Das Bühnenbild kunstgerecht:
Schwarz-rot abgestimmt spritzig.
Die Performance provokant witzig,
Musik-Arrangements fein stimmig,
Kreislers Texte und Lieder reich hintersinnig!

Was in Erinnerung bleibt:
Viele Zugaben, Jubel im Saal.
Wieder hatte das Parktheater eine gute Zeit!
Und die Würdigung darf hier nicht fehlen:
Das „Tigerfest" zu Ehren Georg Kreislers –
herzlich gelacht mit Tim Fischer –
ist nur zu empfehlen!

November 2022

Wort-Witz-Gewitter
im Rheingau-Musikfestival

Ja, es belebt den Geist,
macht uns geistig fitter,
das Wort-Witz-Gewitter.
Freche Sprüche beißen,
konnten Poetry-Fans
flugs vom Sitze reißen!

UN-Sinn, Freude, Spaß –
so erfreut uns der Kühne
auf seiner Comedy-Bühne!
Alles raushauen,
sticheln ohne Schuld
und ohne Sühne!

Wortreich improvisieren,
ulk-witzig parodieren.
Hohe Kunst Stück für Stück,
simultan begleitet mit
virtuosem Geigenspiel und
variantenreicher Klaviermusik!

Den Programmtext
dann noch lesen?

Zum Spaß kein Vergleich!

Für den, der vor Ort –
bei süffigem Wein –
im Rheingau-Winzerhof
selbst dabei gewesen!

Zum Feedback
nach Berlin hier mal keck
an Dominik & Florian Wagner
mit kurzem Check!

25.07. 2023

Frühling ist's…

Wenn dein Garten zum Leben erwacht,
dir bunte Blumenpracht entgegenlacht,

wenn's Kirschblüten-Schnee regnet,
Wege und Rasen fein bestreut,

wenn der Blütenzauber uns alle erfreut,
sinnenfroh uns jetzt die Schöpfung begegnet.

Und frühlingsfrische Düfte sind's,
die uns beleben, zu neuen Taten ermuntern,
froh gesinnt Tag für Tag unsere Stimmung heben.

08.05.2023

Ist das nicht ein schöner Garten?
Eine Blumenfabel

Kann es kaum erwarten,
früh im Morgentau zu schauen
den blütenreichen Fliederbaum.
Den betörenden Blütenduft zu spüren,
ganz nah, nicht von fern,
ja, den schönen neuen Garten,
ich – jeder – mag ihn gern!

Jetzt im Wonnemonat Mai
sprießen, blühen überall hier
Büsche, Stauden, Blumen,
den mit Vogelsang
zur großen Wiese hinauf,
reiche Momente
erfüllen uns, welche Zier!

Hortensien, weiß, lila
und blau dastehen,
wundervoll hier anzusehen.
Pink-rote Rhododendren
sich ausbreiten,
gelb-rot- bunte Ginster-
Zweige rundum weiten.

Stolz in den Himmel streckt
sich der Storchenschnabel,
erzählt uns so gern
seine schöne Blumenfabel!
Blütenreiche Azaleen treiben,
schmücken mit Blättern grün
den bunten Blumenreigen.

Zusammen mit grün-kleinen

Buchsbaumzweigen,

umgarnt mit Frauenmantel,

Anemonen, Nelken,

auch Funkien und Sonnenhut

wollen um die Wette blühen –

hier niemals welken!

Selbst Schaumkresse,

Blaukissen, Kokarde hier

im Blumenwettstreit zählen.

Und in diesem Wettbewerb

der Schönen mag auch

die hübsche Sonnenbraut

sich selbst gern wählen.

Wuchernd wollen da
Zwergmispel-Büsche
im Blumenkonzert
w i l d mitmischen.
Aber weil sie mit Argwohn
im „Trüben fischen",
werden sie hier
bald weichen müssen!

Im Augenblick glänzen
Oleander mediterran, Fuchsien,
tränende Herzen, rote Rosen,
blaue Clematis klettern
Engelstrompeten gelb voran
gleich am Wand-Spalier hinauf,
als wollten sie gemeinsam kosen
und die Schöpfung droben loben!

Das bunte Bild erwärmt
die strahlend-starke Sonne,
alles passt jetzt zusammen –
welch eine Wonne!
So weckt die Kraft
der warmen Sonne
in geheimnisvollem Chor –
gemeinsam mit Mutter Erde –
täglich neue Wunder hervor!

Alles stimmt uns ein –
dem Garten EDEN gleich –
lässt zum Frieden werden,
uns die Sinne glücklich-reich.
Und sinnend-träumend
mittendrin – ausgestreckt
dem Käfer gleich
auf grüner Wiese
fühlt sich's jetzt schon an
wie im Paradiese!

31.05.2021

Das Karussell
Unser Wunsch-Modell

Welch ein Vergnügen für Kinder,
auf dem Pferdchen zu sitzen,
hell-lustige Drehorgelmusik.
Das Karussell dreht im Tempo gleich,
langsam, nicht gefährlich schnell.

Und das Pferdchen wippt
beschwingt auch mit dabei.
Das macht einfach Spaß,
begleitet oft von so
manchem Freudenschrei.

Im Visier – noch zu sagen –
der rote Feuerlöschwagen
wie vom Fach – Leiter auf dem Dach,
laute Hupe, schrill die Sirene.
Bene! Eine fröhlich tolle Sach'!

Ein schönes Bild – so vertraut –,
jedes Kind im Paradies sich glaubt.
Mama, Papa, Kind glücklich sind,
die große Schwester zufrieden,
das Karussell, wirklich,
man kann es nur lieben!

Anderen Eindruck indes
mag man jedoch gewinnen,
Berufs- und Alltagsstress
kann man kaum entrinnen.
Das Lebenskarussell,
ungebremst rotiert es immer schnell!

Druck im Alltagskessel,
streng-eng angelegt die Fessel.
Mehr Zeit für Familie, Freunde,
Freizeit, erholsame Reisen!
Very Well! Das wär'– Kindern gleich –
unser Karussell-Wunschmodell!

20.07.2023

Ende gut – alles gut …

Ist – wie gewünscht –
das Ende nicht so gut,
packt dich die Wut.
Und das ist gut!
Dazu braucht's
nur wenig Mut!

Bald wird Dir gewahr,
offensichtlich klar:
Alles ist wieder offen,
beginnst zu hoffen,
spuckst in die Hände,
es ist noch nicht das Ende!

Gib dir Zeit:

Die Zeiten ändern sich

und wir uns mit ihnen!

Bist insoweit dann bereit,

Zeitenglück bringt die Wende!

So findest Du das gute Ende!

Und ist/war auch die ENTE gut,

wird wirklich alles wieder gut!

April 2023

Glück,
glücklich sein

Bist Du glücklich?

Wirklich glücklich sein,
Glück zu haben,
welches jetzt,
sogleich dann,
vielleicht immer,
schwer zu sagen!

Hast Du Glück,
das Geschick zu reifen,
Dein Glück zu greifen.
Halt es fest,
flugs fliegt es vorbei,
woher es kommt,
was es auch immer sei!

Dein Glück,

dein Glücksstrahl,

glücklich für den Moment,

der dich erwärmt

von innen stärkt,

Sternschnuppen gleich

doch so schnell verbrennt.

Dein Glück,

Schönster Augenblick,

Sehnsuchtsgefühl,

erfüllter Wunsch!

Vom Schicksal

vergönnt sei dir

davon reichlich,

gern auch viel!

Bist du glücklich-
zufrieden auch
in Bescheidenheit?
Ist dir bewusst,
du willst?
Du vergisst,
was nun mal
nicht zu ändern ist?

Dein wahres Glück,
Deine Erinnerung
ist das Paradies!
Du bist nicht allein,
Du hast schöne Bilder!
Tauche ein, immersiv,
h i e r kannst Du zufrieden
u n d glücklich sein!

25.10.2023

IV
Reisebilder
Was bewegt uns?

„Das Eisenbahngleichnis.

Wir sitzen alle im gleichen Zug

Und reisen quer durch die Zeit.

Wir sehen hinaus. Wir sahen genug.

Wir fahren alle im gleichen Zug.

Und keiner weiß, wie weit!"

(Erich Kästner. Ein Dichter gibt Auskunft.

121 Gedichte ausgewählt und mit einem Essay von

Marcel Reich-Ranicki. Atrium,

Zürich, 2. Auflage 2018, S. 134)

„Für Wankelmütige.

Die besten Reisen- das steht fest,

Sind die oft, die man unterläßt!-

Nur, daß man rasch entscheiden muss,

Damit man nicht lang leiden muss,

An Reisefieber, Tag und Nacht,

Um Reisen, die man gar nicht macht!"

(Das Beste von Eugen Roth, a. a. O.,

Anaconda Verlag. München 2021, S.229)

Wir im Wechsel der Jahreszeiten

Wir l i e b e n den Frühling –
Vom Eise befreit –
mitten im Blütenmeer
Aufbruch, Neubeginn, Hoffnung,
Sinnbild unserer Wünsche –
Was willst du mehr!

Wir l i e b e n den Sommer –
Reich an Sonnentagen,
Lebensfreude, Abenteuerlust,
Ferien-Urlaub-Reisen,
Mut, Schwung, uns zu beweisen!
Wir wollen alles wagen!

Wir l i e b e n den Herbst –
Zeit der reifen Früchte,
ernten, was gewachsen,
geschaffen in weiter Sicht,
wandern im Blätterwald,
Zeit des Schauens:
wir – uns – im Farbenlicht.

Wir l i e b e n den Winter –
Zeit der Kälte
mit scharfen Winden,
Regen, Frost, Eis,
Schneewandern weit.
Zeit der Ruhe,
Muße, Besinnlichkeit.
In warmen Stuben
wir bald zusammenfinden.

Wir l i e b e n – leben
unsere vier Jahreszeiten:
Symbole für Blühen-Wachsen,
Reifen-Vergehen,
Wieder-Werden,
Fülle des Lebens,
Erlebens
Von Lust-Frust,
Freud-Leid!

Symbole von Krieg-Frieden,
Verlassen-Traurigkeit.
Reiche Vielfalt
an Wort, an Tat und Musik:
Immer einen Gedanken wert,
nach vorn zu schauen,
gern auch zurück.

22.03.2022

Reisekultur

Reiseziele
gern so viele!
Zuletzt unterwegs
auf historischen Spuren,
Erfahrungen gesammelt
mit erlebnisreichen Touren.

Ehrlich mit sich selbst
auseinandersetzen,
in den Spiegel sehen,
sich selbst vertrauen.
Es lohnt, die weite
bunte Welt anzuschauen!

Herausforderungen locken
zu Welt-Kulturerbe-Stätten,
Kreuzfahrten rund um Great Britain,
auch den Atlantik überqueren
bei Sturm und hohem Wellengang.
Reisen hilft, sich zu bewähren!

Reisen bildet – will
Neues von der Welt entdecken,
nicht im Konsumieren sich verlieren.
Will Persönlichkeiten formen,
will nicht überfordern,
will nicht übernormen!

Reisen bewegt,
motiviert zu erkennen,
was Körper-Seele-Geist
mit Sinn verbindet,
zur Person einzigartig vereint.
Reiselustige sind hier
angesprochen, gemeint!

27.07.2023

Nordsee

Bilder einer Küstenlandschaft

Weiter Blick

über endlos

grüne Weiden,

leuchtend gelb

der Raps im Mai,

vereinzelt Rübenäcker,

grün-hell lang-breite

Roggen- und Weizenfelder.

Buschrosen rosa-weiß,

Schafgarben weiß getupft,

Weißdorn, Holunderbüsche,

Bauerhöfe einzeln verstreut,

am Wegesrand erkannt.

Dunkelgrün sind

Niedermoor, Geest,

Marsch und Auenwälder.

Schwarzweiß gescheckte,

bunt-braungefleckte

Kühe grasen, liegen, dösen,

als wollten diese

so ganz gelassen

von schwerer Last

jetzt sich lösen.

Blätter, Gräser

saftig, klein zermahlen,

immer-immer-immer

wieder kauen,

bewundernswert

dabei sie

anzuschauen.

Windräder am Horizont
vielzählig aufgereiht
in langen Ketten stehen,
Spargeltürmen gleich
sich in große Höhen recken,
rhythmisch immer gleich
mit dem Winde drehen.

Doch könnt' ich wetten,
bei starkem, hartem Wind
von ruhiger Hand geführt
reicht das Potenzial
an Energie
unerschöpflich weit
in vorgedachte Ewigkeit!

Und am Himmel
hell bis dunkelblau
wandern Wolkenberge
im Wechsel cyrus-weiß,
cumulus-schwarz bis grau,
machtvoll, zum Regen
werdend, weiterziehen,
uns sobald entfliehen.

Ungewiss,
wohin sie schweben!

20.05.2023

Das Meer

Der eine liebt es,
den anderen trägt
es schwer,
der leidet sehr
im Ergebnis so ungefähr!

Den Ärmelkanal
erleben zum ersten Mal.
Stürmisch die Kreuzfahrt
bei hohem Wellengang –
in der Tat kein Lobgesang!

Bei Windstärke ab sieben
kann sich der Magen
nach außen verbiegen
oder gar nach oben verbeulen.
Es war einfach zum Heulen!

Endlich an Land,
wieder in Gottes Hand,
heil auf festen Füßen
lassen wir alle zuhause
recht herzlich grüßen!

14.07.2023

Das Balver Höhlengleichnis

Platon hätte sich gefreut –
einem Folk-Fan gleich –
The IRISH FOLK FESTIVAL
in Balve zu erleben,
in jener Höhle weltbekannt,
hier im schönen Sauerland.

Heiße Rhythmen stimmungsvoll,
IRISH FOLK Musical-Groups
international aus aller Welt,
aus Irland, USA, OLD Germany,
vom nahen Niederlande,
bis nach Mitternacht wie am Bande.

Im Publikum Lebensfreude PUR.

Mitreißend der Sound, die Songs,

gemeinsam singend, tanzend,

ausdauernd in einer Tour.

Allen IRISH FOLK FANS

war – ist –ein tolles Event,

allseits jeder in der Szene kennt.

Die Balver Höhle.

Heute gleicht sie

Platons Sinnenwelt.

Bedeutungsvoll

die wahre Wirklichkeit,

jedem die erlebnis- und

erfahrungsreiche Zeit.

Höhlenatmosphäre
jetzt gemeinsam erlebt,
gleichsam unserem Dasein,
eng in Systemen eingehegt –
in Klang- und Lichtfarben
eingefangen sein –
zeigt sie, wie im Lebenslauf
mit Corona-Masken,
auch unsere Grenzen auf.

Platons Höhlengleichnis
offenbart so deutlich
u n s e r e Wirklichkeit,
auch die wahre Existenz
der Seelen- und Sinnenwelt;
höhlengleich erlebt,
hier geborgen,
befreit im Moment
doch von realen Sorgen.

Höhlenerlebnisse sind
nicht Daseinsschatten.
Vieldeutend machen
sie uns bewusst,
was und wie wir –
zugleich in Poesie
mit allen Sinnen –
die Vielfalt des Lebens
erkennen und gewinnen.

Im Höhlen-Festivalevent
wird uns bewusst,
in bester Stimmung mit Lust,
dass wir Menschen –
real genormt
im Alltag eingeordnet,
so gegeben – gewiss wie
in einer großen Höhle leben.

Wir sind – wir waren –
Höhlenmenschen!

Oktober 2022

Reisebilder
Hamburg, das Tor zur Welt

Bilder in Erinnerung bleiben,
Bilder schöne Orte zeigen,
Bilder auf Postkarten
dürfen nicht fehlen.
Bilder mögen gern
Geschichten erzählen.

Bilder mit Text, mit Wort.
Bilder zusammen schauen,
gemeinsam erleben schönen Ort.
Sag es frank und frei:
In Hamburg, dem Tor zur Welt,
war viel Freude und Spaß dabei.

Bilder glitzernd schäumen
im Wasser bei schneller Fahrt
mit Barkasse im Hafenrund,
Schiffe in vielen Farben bunt,
lassen immer wieder uns
von der Großen Freiheit träumen.

Bilder vom Spaziergang
durch die Speicherstadt,
kundig geführt, anekdotenreich,
Symbole zeugen von Tradition,
Geschäftssinn in Hamburg,
Hanseatisch mit gutem Klang.

Bilder vom Wasser fließen,
Binnen-Alster im Sonnenlicht,
Enten-Quak' und Schwanengesang,
offene Blicke, schönste Sicht,
innehalten, schöne Blicke genießen.

Das Bild entspannt.
So dann und wann sich
mit kühlem Trunk erfrischen,
der Rast frönen an reich
gedeckten Jungfernstieg-Tischen.

Bilder in Hamburgs Galerien
kunstvoll, meisterlich gemalt.
Elbphilharmonie, Royal Academy-
Orchestra brillant, Sophie Mutters
Violinen-Klang – Sphären gleich –
Klangbilder an Lebensfreude reich!

Erinnerungsbilder
oft geküsst von der Muse
mit all den schönen Erlebnissen
aus Hamburg das vertraute „Moin"!
Allen Gönnern „Gott zum Gruße"!

Mai 2021
Dem Presseamt
Stadt Hamburg
gewidmet

Reisebilder 2022 – Montenegro
Einfach sacken lassen

So viel gesehen,

wirklich erlebt,

eingefangen,

tief bewegt

von schönen Erlebnissen.

Nichts möcht' ich missen.

Farbfrohe Bilder:

Küstengebirge naturgemalt,

weite Täler, große Seen,

lange Kiesstrände heiß bestrahlt,

erinnern uns gern,

bald unerreichbar fern.

Sonnige Buchten
sich strecken, dann weiten
im Rund, von sanft wölbenden
Bergketten umgeben,
von heißer Sonne gebleicht,
karstig-kalkig vergeben,
Schattennebel schwarz, trüber,
sicher setzen Fähren uns über.

So unzählig schöne Momente!
Ja, es hat mich gepackt,
der Schwerkraft gleich,
gewichtig erlebnisreich,
und alles noch schwingt,
in Tiefen der Seele sinkt.

04.11.2022

Stadtbilder
Duisburger Illusionen

Hallo Duisburg!
Du moderne junge Stadt,
medial geschaffen,
immersiv,
Illusionen jetzt,
den „Monet-Garten" hat!

Virtuell kunstvoll,
Blumen vielfarben bunt
an allen Wänden
im großen Rund,
tanzend, springend
im Lichterreigen,
als wollten sie ewig
ihre Schönheit zeigen!

Und umrahmt von
Musen-gleichen Klängen,
sich immerwährend
ins Bewusstsein drängen.
Sphärenhaft erschallt's
in allen Räumen –
faszinierend –
wie zum Träumen.

Illusionen – einzig –
weitab unsere
tägliche Wirklichkeit,
Künstlerideale
eingefangen, eingebettet
in virtuell gedachte
NEUE ZEIT!

Illusionen-Vielfalt,

Bilder, Klänge

verzaubern alle

kurz, doch intensiv!

Das ist des Künstlers Leben

in dieser Welt

des IMMERSIV!

05.09.2022

Marienbader Bilder-Collage

Und wieder Goethe!
Wo war Goethe nicht!
Das geflügelte Wort
gibt Zeugnis jedem Ort,
Goethe dorthin gereist
auf all seinen Touren,
nach Italien, überall
in deutschen Landen
hinterlässt er seine Spuren.

Seine Werke zeitlos,
Weltkulturerbe und Kulturgut
deutschsprachiger Literatur.
Goethes Marienbader Elegie
lockt gewiss deswegen
Literaturfreunde*innen
ins historisch galante Marienbad,
wehmütige Liebes-Verse Goethes
in Bildern nachzuerleben.

Marienbad – Heilbad mit Tradition!
Für viele Prominente aus aller Welt –
namhafte Literaten, Komponisten,
Künstler, Kaiser, Könige, Fürsten
Kontakte in Gesellschaft
ihresgleichen suchen, pflegen,
nach Heilung, Linderung ihrer Gebrechen,
Beschwerden und Leiden dürsten.

Das Heilwasser hier magnesiumhaltig
mit Hydrokarbonat-, Natrium- und
Eisen-Salzanteilen hilft gegen
Nierenleiden, Gicht, Arthrosen,
Atemwegserkrankungen und Frauenleiden.
Patienten mit schmerzenden Gelenken
werden in Kombination sich für Gas-Bäder
und Moorpackungen entscheiden.

Marienbad – Ort der Begegnung mit Charme!
Vorbildlich die Bäder-Architektur ihrer Zeit,
Kurkolonaden, „Singende Wasserfontäne"
im Stil des Neo-Barock par excellence,
entworfen von könig-kaiserlichen Baumeistern,
das Römische Bad mit toskanischen Säulen,
Verzierungen, Ornamenten, Skulpturen.
Im Blick das Bild der antiken Neo-Renaissance.

Marienbad – Treffpunkt der Geselligkeit!
Unterhaltung mit Lesungen im Spiegelsaal.
Konzerte im Kur-Casino-Marmorsaal bewährt.
Gottesdienste, Konzerte in Kirchen
unterschiedlicher Religionen, Konfessionen –
christlich-katholisch-protestantisch-orthodox,
auch das Stadttheater im Neo-Renaissance-Stil
sind Kurgästen erlebnisreiche Besuche wert.

Marienbad – Kurstadt mit großem Park!
Erholungsort umgeben von grüner Natur;
weit reichende Wälder, Felder und Flur,
für fleißige Wanderer auf besonderen Routen,
für Könige, Fürsten, Staatsmänner, Dichter,
Spaziergänge im Park auf gepflegtem Pfad,
vorbei an Seerosenteichen, Monumenten,
Gedenktafeln für verdiente Köpfe von Marienbad.

Marienbad – wieder begegnet uns Goethe!
Auf dem Denkmalsockel findet Goethe
seinen Ruhesitz, mit der jungen Geliebten
Ulrika v. Levetzow oft dort gesessen,
dann in Gedanken versunken, betagt,
nachdenkend, altersversonnen,
würdevoll – so wir den Blick gewohnt –
er auf hohem Dichterstuhl thront.

Für Generationen Goethe dort verbleibt,

der rechte Arm fallend auf die Lehne,

die linke Hand an seiner hohen Brust,

bekennend seine verzehrende Liebeslust,

den Kopf sinnend zu Seite geneigt,

in seiner Elegie wehmütig klagend

sein Liebesleid, unerwartet verschmäht,

im hohen Alter war sein Antrag wohl zu spät!

Im Juni 2023

Schöne Bilder bestaunt,

erlebt als Kurgast dort

in Marienbad vor Ort

Konzerterlebnis
im Rheingau

Lieben Sie Klaviermusik?
Wie schön! Den Blick zurück
auf das Klavierkonzert
der Rheingau-Musikfestspiele.
Selten erlebt so wie
heute mit Bruce Lui!

Junger Pianist,
mehrfach schon prämiert,
international geehrt,
von Konzertfreunden*innen verehrt,
schenkt kunstvoll mit Geschick
uns feinste Klaviermusik!

Verzaubert, verträumt,

mit feinem Gespür,

öffnet Herzen virtuos

zurückhaltend, bescheiden,

sein Tastenspiel

beispielhaft wahrlich groß!

Bachs Französische Suite

Komponisten-getreu intoniert,

Beethovens Waldstein-Sonate

meisterhaft gespielt, interpretiert,

sanfter Anschlag beim Adagio,

dynamisch aufsteigend von Rondo

zu Allegretto-Prestissimo!

Chopins Nouvelle ETUDE,

die Sonate 2b-Moll – einfach

toll! Hier erste beste Wahl!

Begeistert wieder zumal

Konzertfans, großer Applaus

auf Schloss Johannisberg

festlich im Fürst-Metternich-Saal!

Den Konzertabend erlebt

inmitten von Weinbergen

mit herrlichem Blick

hinab zum Rhein –

begeisterten Konzertgästen

wird dies ein unvergessliches

Erlebnis im Rheingau sein!

23.07.2023

Warum nicht mal

Im Blätterwald spazieren,
mit offenen Augen sehen,
schöne Augenblicke,
naturerlebte Stunden
wollen nicht zu Ende gehen!

Über die Stränge schlagen,
neue Ziele wagen,
nicht zaudern, zagen,
nicht mehr jammern,
ängstlich klagen!

Öfter die Welt
weit bereisen,
um sich von
Alltagspflichten
loszueisen!

Andere Länder,
Bräuche, Sitten
kennenlernen,
ins Weltall fliegen,
so frei dann zu
fernen Sternen!

25.05.2023

Wann, wenn nicht jetzt!
Aufruf nach Corona!

JETZT ist beste Zeit,
selbst zu entscheiden,
das Leben genießen können,
sich endlich gönnen,
was lange aufgeschoben,
versäumt, geträumt.
Sind Senioren*innen hier
wirklich zu beneiden?

Beste Zeit ist heute:
frei von Familienlasten,
von beruflichen Zwängen,
kein Hasten, kein Drängen,
in sich ruhen können,
sich trauen, vertrauen,
für Reisebüros gewiss
gefragte Leute!

Erspartes

noch auf Erden

fleißig zurückgelegt,

wenn nichts

dagegen steht,

mag der Lebensfreude

wegen zeitig-zeitnah

ausgegeben werden!

Wahre Lebensqualität,

wenn, was nicht gewährt,

jetzt entschieden

wieder geht,

zufrieden stellt,

lange gewünscht,

erhofft, endlich

„die gerechte Welt!"

30.07.2023

V

Politik-Politiker-Parteien
Wirtschaft-Gesellschaft
Was ins Stammbuch schreiben?

Politik als Beruf
„Die Politik bedeutet ein starkes langsames
Bohren von harten Brettern
mit Leidenschaft und Augenmaß zugleich." (S. 82)
„Man kann sagen, daß drei Qualitäten vornehmlich entscheidend
sind für den Politiker:
Leidenschaft-Verantwortungsgefühl-Augenmaß." (S. 62)
(Max Weber. Politik als Beruf. Reclam. Stuttgart 1992)

„Für Stammtisch und Stammbuch.
Freunde nur Mut!
Lächelt und sprecht:
<Die Menschen sind gut,
bloß die Leute sind schlecht.>"
(Erich Kästner. Ein Dichter gibt Auskunft.
121 Gedichte ausgewählt von
Marcel Reich-Ranicki. Atrium.
Zürich, 2. Auflage 2018, S. 190)

Politiker-Moritat

„Wer bestellt, zahlt!"
So die Regel
im Wirtschaftsleben,
für Kunstliebhaber
an den Künstler,
der schöne Bilder malt!

Was aber, wenn – wie so häufig –
in der Politik andersherum gilt:
„Wer bezahlt, bestellt!"?
Wohin führt dann unsere Welt,
wenn's um Mammon geht,
nur um Macht mit Geld?

Was Politikern dann
ins Stammbuch schreiben?
„Seid klug, seid gescheit!
Bewahrt eure Unabhängigkeit!
Habt ein reines Gewissen!
Dann müsst ihr wirklich
nichts vermissen!"

Was geht uns das an?

Sehr viel!

Das ist und bleibt unser Ziel:

Wachsam sein!

Widerständig bleiben!

Mut demonstrieren!

Kritische Texte schreiben!

August 2022

Die Ampel

Wir kennen die Regel:
Grün – freie Fahrt!
Gelb – Achtung!
Rot – STOP- anhalten!
Doch kommt es darauf an,
die Ampel richtig zu schalten!

Den Verkehr fließen lassen,
Kollisionen vermeiden,
Fußgänger, Radfahrer,
Automobilisten gleich behandeln,
den Interessenausgleich
gleichwohl ins Auge fassen!

Was kann die politische Ampel,
können die Grünen-Gelben-Roten
in Koalition mit großen Ambitionen?
Energiewende, Klimawandel, Frieden,
Sicherheit, freier Markt, soziale Gerechtigkeit,
Programme im Ausgleich, Vernunft geboten!
Sind gesellschaftlichen Potenziale
dann auch einsatzbereit?

Humorig das Sprichwort,
weise und bedenkenswert:
„Die guten Vorsätze
sind die Frommen,
die oft ungeboren
in den Himmel kommen!"
Ob solcher Art Gedanke
angesprochene Politiker schert?

Ideale stets an harten
politischen Realitäten messen!
Krisen, Kriege, Energielasten,
knappe Ressourcen,
hohe Preise, Inflationen,
lästige Restriktionen im Land
Haushalte nicht schonen.

Kann die Ampel-Politik
aktuelle Krisen meistern,
überwinden mit Geschick,
pragmatische Lösungen finden?
Es braucht kritische Einsichten,
Zielkorrekturen, neue Allianzen,
Weitblick hinaus über Grenzen!

Der ehrliche Kassensturz
sei immer zu überdenken!
Das Bundes-Schiff
aus gefährlichen Wassern
zum Nutzen aller
so wieder in ruhige,
friedliche Bahnen lenken!

19.06.2022

Warum das Affentheater

Das Credo der drei Affen:
„Nichts sehen, nichts hören,
nichts sagen!" Oft belacht
und mit Spott bedacht!

Wegsehen, Ohren verstopfen,
den Mund verschließen,
abstimmen mit Füßen?
Feigheit lässt hier grüßen!

Dieses Phänomen,
im Alltag beobachtet,
beliebt in der Politik,
eigene Vorteile im Blick!

Was Opportunisten deutlich
ins Stammbuch schreiben?
Standpunkt offen klar positionieren!
Damit gewinnen, selten verlieren!

28.08.2023
Notiz zur Glosse „Genervter Scholz",
in FAZ vom 28.08.2023, Seite 8.

Dicke Bretter bohren
Nicht nur angedacht

Sprichworte mit Stil
sagen viel,
sind voller Leben,
vor allem
praktisch eben!

Meisterlich gemeint gesagt:
„Ihr müsst jetzt
Dicke Bretter bohren!"
Wie klingt das wohl
in unseren Ohren?

Besonders sind es
schwierige Lebenslagen,
lastig, lästig, ungemütlich,
wenn Albträume
das Gewissen plagen.

So die Schule, der Betrieb

wie auch die Politik.

Oft gibt es kein Zurück!

Verantwortlich muss

entschieden werden mit

Vernunft, Weitblick und Geschick!

Klug, erfahren, demokratisch,

transparent für die Öffentlichkeit,

nicht offenkundig verschworen,

nicht verkettet im Politiker-Streit –

wie eben zurzeit – wäre das nicht

gut für unsere Ohren?

Nur ein Sprichwort

zunächst so wie es scheint?

Doch wie Max Weber meint:

Der dringende Appell,

treffsicher, hier der starke Ruf

an den Politiker, die „Politik als Beruf"!

18-07-2023

Jammern. Ein politisches Poem

Jammern, allzu oft auf hohem Niveau?
So das bekannte Blüm-Bonmot!
Werden des Lebens nicht mehr froh!
Uns fehlt's an allen Dingen,
müssen jetzt sparen, knausern,
verzichten, dazu uns zwingen!

Politisch nichts ist mehr im Lot!
Die Öl-, Gas- und Klimakrise
bringt uns in große Not!
Was ist unser Geld noch wert,
hier Inflation, dort hohe Kosten,
überall im Land, im Westen, wie im Osten!

An allem die Politik ist immer schuld!
Nur Appelle „Gürtel enger schnallen",
das mag Politikern so gefallen!
Schluss jetzt mit unserer Geduld!
Es ist uns ernst und keine Masche:
Wir fordern mehr Geld in unsere Tasche!

In der Tat und jeder weiß es:
Politik ist ein schwieriges Kapitel,
umkämpft jeder Finanz- und Schulden-Titel.
Die Interessen so unterschiedlich,
der Forderungen sind so viel!
Führt Jammern hier zum Ziel?

Nachdenken, Ressourcen schonen,
den Konsum selbstkritisch prüfen,
das ist unser zentrales Gebot,
konsequent uns ändern, das tut Not!
In jeder harten Politik- und Wirtschaftskrise.
Mit Sachverstand und politischer Vernunft
entscheiden, das ist jetzt die DEVISE!

Juni 2022

Die Macht der Worte
Mahnende Worte

Macht-Worte

Gebraucht,
missbraucht,
sind oft Worte
schlimmster Sorte!

Macht-Worte

Manipuliert,
instrumentalisiert,
so werden
Menschen verführt!

Macht-Worte

Wortmissbrauch,
Kriegsappell-Streit,
vielen Generationen
nur Last und Leid!

Macht-Worte

Bittere Ironie:
„Heil dir, dem Siegerkranz.
Nimm, was du
mit Kriegen kannst!"

Macht-Worte

Heute hinterfragt,
zuletzt Putin wieder,
Jahrhundert der Krieger,
der Sieger und Verlierer?

Macht-Worte

Zu Diensten für
Missbrauch von Macht.
Hier wirkt der Geist,
der Böses schafft.

Macht-Worte

Missachtet wird die
notwendig gute Tat!
So regieren Unheil, Elend,
Verleumdung und Verrat!

Macht-Worte

Sprachworte, gewählt
im Umgang ohne Bedacht,
oft werden diese Werkzeug
des Willens zur Macht!

Macht-Worte

Kraftvoll und entschieden,
Worte: WIR, DEMOKRATEN
stehen für gute Partnerschaft
und gerechten Frieden!

April 2023

Das Handwerker-Syndrom

Ist man/frau nicht dahinter her,
ist man/frau verloren am meisten!
Kein Termin, kein Feedback!
Handwerker im Vertrauen
meinen, könnten bei hoher
Nachfrage sich das leisten!
Falsch gedacht!!!
Bald bricht auf Dauer
so die Nachfrage weg!

Besser wären schon
gute Kundenpflege, auch
offene Kundenkommunikation,
klare Terminangebote!
Bei Arbeitsüberbelastung
das ehrliche Bekenntnis!
Weitsichtige Handwerker
finden beim Kunden
gewiss dafür Verständnis!

Qualitätsmanagement,

Auftragsabwicklung,

sachkundig-korrekt,

eingehaltene Termine!

Das wäre perfekt!

Und wünschenswert!

Nicht Schulterzucken!

Was geht's mich an?

Von wegen!

Wir halten dagegen!

Gerichtlich geklärt,

doch nicht lange währt!

Muss das sein?

Es könnte doch

auch anders gehen!

Einvernehmlich,

stimmig, galant!

Besser, lösungsorientiert

sich zu verstehen!

Es geht auch anders!

31.03.2023

Bauen mit Selbstvertrauen

Überall, so die Regel,
wird fachgerecht gebaut:
Haus-, Brücken-, Straßenbau.
Wirklich! Bauen ist uns vertraut!

Bauen, es fehlt das Material!
Möchte sogleich wetten:
Schuld sind immer nur
die gestörten Lieferketten!

Bauen wird immer teurer,
auch das Personal ist knapp,
Preise ins Uferlose steigen,
die Baukonjunktur macht schlapp.

Bauen, gern das eigene Häuschen.
Wer kann sich das noch leisten,
wenn die Zinsen weiter steigen,
bleiben bei des Schusters Leisten?

Was tun in dieser Miser'?

Erst Arbeit und Beruf sichern?

Die Finanzen drücken sehr!

Unser Leben noch versichern?

Bauen jetzt in Krisenzeiten?

Steigende Kosten uns belasten!

Überall nur sparen und auch fasten?

Darüber lässt sich trefflich streiten!

Doch das Zeitenbuch

zeigt auch andere Seiten!

Vielleicht öfter bescheidener sein!

Ressourcen nicht verschwenden!

Nicht dem Klima weiter schaden!

Ausgeben nicht mit vollen Händen!

Bewährt hat sich hier und dort
das kluge Schwabenwort:
„Erst schaffe, schaffe, spare,
dann … Häusle baue(n)!" Heißt:
Auf eigenen Fleiß kannst du bauen!
Das gibt das nötige Selbstvertrauen!

17.11.2023

XXXL – Lockruf der Werbung

Schneller, höher,
größer, weiter!
Lockruf der Werbung!
Macht alle mit!
Jeder! Schritt für Schritt!
Sportlich überdies,
den Weg öfter ins
XXXL-Möbel-Paradies!

Fast-Food-Burger,
Currywurst, Rot und Weiß,
Pommes im heißen Fett,
knusprig frisch gesiedet,
darf-kann-muss schon mal sein!
Großpackung Chips, gesalzen,
Erdnüsse viel, kalorienreich?
Werden da nicht schwach und weich?

Das Volumen wächst,

der Firmenumsatz auch,

von Large Größe L

zu XXXL Übergrößen.

Größer die Portionen,

übergroße Kleidergrößen

uns nicht schonen,

wird bald guter Brauch.

Nicht zu bestreiten,

Hosenbünde werden

weiter sich weiten!

Gesagt, das nicht vermessen:

Wäre doch gelacht, könnten

gesünder uns ernähren,

wieder mit Bedacht

genussvoll trinken, essen!

Leben und leben lassen –
in der Krise die Devise!
Warum sparen,
„knappe Kohle"
jetzt verprassen!"

Die Werbebotschaft,
hier wichtig und gewollt,
damit der Rubel weiter rollt:

Satz um Satz Umsatz!
„Mehr Gewinn!
Mehr konsumieren!
Niemals,
keinesfalls,
mehr verlieren!"

20.08.2023

Das Porsche-Syndrom

Angenommen der Autofahrer,
jeder forsche, fahre Porsche.
Im Renntempo oft,
zu schnell, in Übermaßen
auf unseren deutschen Straßen!

Zumeist männlich
will er zeigen, will beweisen,
sein heißer Ofen,
sein stolzes Gefährt,
sei sein Alles, so viel wert!

Mit dem tollen Porsche
will der Rennforsche
ein Besonderer sein,
toll, dies vor allem
der Damenwelt Gefallen!

Mit röhrendem Motor,

so meint der Tor,

steche er besonders

aus der breiten Masse

aller Autofahrer hervor!

Denkt, fühlt so richtig stolz

auf seinem heißen Stuhl,

mit Porsche stets unterwegs,

sei er der große Auto-King!

Für Porsche das beste Marketing!

28.08.2023

Geht doch! Paradox!

Geht da was noch,
wenn im Wertpapierdepot
ein großes dickes Loch?
Verluste sind Schicksal,
fürwahr ein lästiges Joch!

Wenn Risiken
nicht zu vermeiden,
müssen Sparer eben –
der Wirecard-Skandal
zum Beispiel – deswegen
so richtig leiden!

Was in aller Welt
uns sich entgegenstellt,
ob wir das wollen oder nicht,
es wird der Weg gewählt,
der Gewinn verspricht.
Nur das an der Börse zählt!

Wer Risiken nicht scheut,

dies auch nicht bereut,

weiß, wenn aktiv, Börsen

sind immer spekulativ!

Mal Bulle, mal Bär,

unsicher bleibt das Investment

wie Stürme im Meer!

Erspartes investiert

im DAX, M-DAX, S-DAX,

unbedacht über Nacht,

unkontrolliert im US-DOW,

NASDAQ-Index, EURO-STOXX,

ohne Bilanz-, Börsenwissen

ist das sträflich paradox!

21.07.2023

Im Altenheim
Real-Satire

Kommst DU irgendwann
mal ins Altenheim,
meinst, du hast Schwein
gehabt, findest tatsächlich
dort den besten Platz
in einer „Senioren-Residenz",
die, wie sich stellt heraus,
tatsächlich keine ist,
darfst Du nur bezahlen!

Wenn's weiter nichts ist,
mit hohen Betreuungs- und
Pflegekosten, Investitionszulagen,
dazu Ausbildungsbeihilfen,
sagen Heimbetreiber leider!
Je nach Pflegestufe,
das wird sich zeigen,
werden die Kosten wohl auf
viele Tausend EURO steigen!

Kaum lässt sich vermeiden,
so schnell kommst du
dort nicht weg, weil
dein Haushalt aufgelöst,
musst dort schon bleiben!
Auf engstem Raum
läuft dein Leben ab,
vitaminlos mangelernährt,
Lebensgenuss ist dir verwehrt!

Von der Außenwelt isoliert,
Körper und Geist bald krank,
wie es fachlich heißt, dement
oder die Seele depressiv!
Fühlst dich abgeschoben,
von Angehörigen gemieden.
Nachbarn, gute Kollegen
schon verstorben, wohin
mit täglich vielen Sorgen?

Du brauchst Freunde,
die dich nicht vergessen!
Willst du gegen dein
Schicksal aufbegehren,
gegen Missstände dich wehren,
spielst den Rebell,
den mutigen Helden,
wirst merken schnell,
im Altenheim hast
du nichts zu melden.

Es sei denn, du spürst
noch deinen Willen,
dein Mut hier in Ehren,
bei der Heimaufsicht
dich zu beschweren!
Beschwerden, weil
nicht passen ins Konzept,
werden einfach negiert!
Wieder keine Antwort!
Wieder kein Respekt!

Bald wird dir bewusst,
im Altenheim regiert
der große Frust, wenn
sich nichts ändert,
alles bleibt wie gehabt
beim Alten!
Politische Phrasen
noch in den Ohren:
„Humane Reformen für
Seniorinnen-Senioren!"

Geht dein Schicksal,
mal makaber gesagt,
sodann dem Ende zu,
wird dir bewusst im Frust,
selbstironisch werdend,
wie mittellos abhängig,
langsam und sicher,
wie alle Bewohner dort,
zuletzt du im Altenheim
überleben oder sterben musst!

26.08.2023

Siesta mal anders
Lust auf amtlichen Mittagsschlaf?

Nickerchen, Mittagsschläfchen,
zuvor vom Philosophen Kant
gerühmt, gern praktiziert.
Sag es hier ungeniert,
darf schon mal sein!
Heilsam das Mittagsschläfchen,
sündenfrei „die Schäfchen!"

Des Klimawandels wegen,
die heiße Klimazone vom
Süden zu uns wechselt,
unser Leben dreht und drechselt.
Was tun, um gesund zu bleiben,
wenn heiße Klimafolgen
mit Hitzewellen uns vertreiben?

Wenn gewohnte Tageszeiten
sich so bald verschieben,
verlegen wir in frühe Abendstunden,
was zu heißer Mittagszeit
zuhauf ist liegen geblieben.
Kommen wir so besser damit
über die gesagt-beklagten Runden?

Die Lösung – amtlich vielleicht!

Für alle mittags Siesta!
Abends später Fiesta!
Worte mit Bedacht gewählt,
was öffentlich diskutiert-erzählt?
Wen juckt dann noch die Laus?
Die Idee: Mit mehr HOME-OFFICE
machen wir das Beste daraus!

22.07.2023

Ehrlich klug – darum dumm?
Kleine Moritat

Der Klügere gibt nach,
hofft auf das Danach.
So lernt man schon,
ob Kind oder Kegel,
das sei hier die gute Regel.
Ist das wirklich klug,
bescheiden sein genug?

Und ehrlich wie er ist,
überlässt, er ist so frei,
dem gedacht' Dummen
vielleicht den ganzen Brei,
begnügt sich mit dem Rest,
und wähnt sich
glücklich noch dabei!

Glaubt zudem der Kluge,

er sei doch gescheit,

wenn er ehrlich sei,

zum Verzicht bereit,

meint, wenn auch

nicht am Zuge,

er sei und bleibe ja

der wirklich Kluge.

Doch der zumeist

gering geschätzte Dumme

lacht sich ins Fäustchen

bis ins Krumme,

freut sich jetzt diebisch

auf den großen Kuchen,

muss sich nicht anstrengen,

muss nichts selbst versuchen!

Hat der so schlaue Dumme
immer sogleich die Nase vorn,
Faulheit und Bequemlichkeit
sind ihm Ziel, Ansporn.
Muss auch nichts beweisen,
weil ihm alles zufällt,
mühelos in seinen Kreisen.

Wird der schlaue Dumme
raffiniert, dann noch dreist,
keiner ihn in seine
Schranken weist,
wird er weder zögern,
noch stutzen,
jede Gelegenheit
zum eigenen Vorteil nutzen!

Und so regiert der Dumme,
schlau auf eigene Weise,
die große weite Welt
so, wie sie ihm gefällt.
Wer ist dann der wirklich Dumme,
wenn der Ehrliche, sonst klug,
für sich glaubt,
er sei doch klug genug?

Und ganz ehrlich!
Lebt der ehrlich Kluge,
unbedacht so er bleibt,
nicht sehr gefährlich?
Nun! Wer von Beiden,
ehrlich klug oder dumm,
überall im Osten wie im Westen,
lacht zuletzt am besten?

27.09.2022

Mit Gendern Sprache ändern?
Ein Appell!

Immer wieder Aufregung
mit dem GENDERN!
Was, wozu eigentlich,
bei uns bewährter
Rechtschreibung ändern?

Neu die Ausdrucksformen
sprachlich festlegen – zurecht?
Für das weibliche Geschlecht,
auch für diverse Gruppen?
Mit rechtlich verbindlichen Normen?

Sichtbar mit Sternchen, Doppelpunkt,
Unterstrich zusätzlich markieren,
Schulen, Universitäten, Presseorgane
hätten dies beim Schreiben-Sprechen
pflichtgemäß zu dokumentieren!

Kämpferisch gefordert von
intellektuell-sozialen Kreisen,
beweisen dies seit langen Jahren
vehement in Talk-Shows, Presse-,
Rundfunk-, Fernsehkommentaren!

Was, wenn die streitenden Parteien
auf selbigen Standpunkten verharren,
festgefahren ist wohl –
hier mal pikant gesagt –
aktuell der Meinungskarren!

Den Meinungsstreit schlichten,
zu vernünftig richtigen,
akzeptablen Lösungen kommen?
Der Internationale Rechtschreibrat
ist jetzt hier in die Pflicht genommen!

Regeln für die Orthografie
abgewogen für die Zukunft
verbindlich festzulegen.
Doch vielen zum Verdruss
zuletzt wieder mal
kein hilfreicher Entschluss!

Die Unsicherheit zumal real fatal!
Wie sollen Schüler, Lehrer, Dozenten,
Presse-, Rundfunk, Literaten es halten,
wenn mit der Orthografie
nichts Klärendes geschieht,
bleibt dann alles beim Alten?

Deutsche Rechtschreibung-
QUO VADIS? Gewiss?
Wohin führt nunmehr dein Weg?
Scheint so, es wird lange noch dauern!
Wir Schreibfreudigen das bedauern,
um vertrauter Schreibweise nachzutrauern?

21.07.2023

Was ist richtig?

Was ist richtig,
was ist Recht?
Recht gesprochen –
„wie auf hoher See" –
passend gemacht,
zurecht oder schlecht?

Niemals wird
Unrecht Recht,
Unwahrheit Wahrheit!
Der Weg ist oft weit
zu Frieden und
Gerechtigkeit!

Aus Liebe
zur Gerechtigkeit!

05.03.2023

VI

Vom Menschen. Vom Leben.
Was hoffen? Was wollen?
Was wissen? Was tun?

„Einsicht

Ein Mensch, der selbstverständlich hofft,

Das Glück käm einmal noch und oft,

Weiß nie- denn wer kann Zukunft lesen?-,

Ob's nicht zum letztenmal gewesen." (S. 187)

„Das Leben

Das Leben wäre doppelt schwer,

Käm's einfach nicht von selbst daher.

Eh wir recht ahnen, was es sei,

Geht es zum Glück auch selbst vorbei… " (S. 185)

(Eugen Roth. Das Beste von Eugen Roth.

Anaconda -Lizenzausgabe,

München 2020/2021)

„Moral

Es gibt nichts Gutes

außer: Man tut es."

(Erich Kästner, a. a. O., S. 185)

Der Fahrstuhl

So fährt er.

Rauf und runter.

Wie der Lauf des Lebens.

In jede Richtung.

Doch nie vergebens!

Bleibt er doch mal

stecken mittendrin,

nur keine Hektik!

Nutze die Zeit dir

unerwartet mit Gewinn!

März 2023

Tempus fugit

Alles fließt.
Alles ist im Fluss.
So fließt Zeit,
fließen Gedanken,
unsere Wünsche –
dem Strom
von Tränen gleich –
wie von selbst,

unsichtbar geleitet
von ruhiger Hand,
dem großen
Meer entgegen.
Zeit lebt,
heilt Wunden.
Unser Sinn
auf allen Wegen.

12.09.2022

Positiv sein

Positiv denken

Blicke, Schritte in richtige Bahnen lenken,
öfter mal nachdenken, vieles bedenken,
anderen mehr Aufmerksamkeit schenken!

Positiv entscheiden

Das Richtige, Gerechte wählen,
sich damit nicht täglich quälen,
selbst sich mögen, können leiden!

Positiv handeln

Sich, auch anderen Gutes tun,
bequem nicht bleiben,
zusammen mit Freunden
reden, beraten, wandeln!

Positiv werden

Ohne Viruslasten
positiv bleiben,
erhobenen Hauptes
richtig entscheiden!

Wir alle könnten,
nicht nur zum Schein,
einfach ehrlich
für- und miteinander
... positiv sein!

21. März 2022

Weitergehen – weiter gehen

Weitergehen,

bewegt nach vorn,

ist Antrieb, Ansporn,

schafft neue Räume,

erfüllt oft unsere Träume.

Weitergehen

auf neuen Wegen,

lässt entdecken,

Wünsche wecken,

mag uns Ideen geben.

Weitergehen,

erleichtert von Last,

befreit von Angst und Hast,

ist Aufgabe, Sinn und Glück

in jedem Augenblick.

Weitergehen
stärkt die Zuversicht,
zaubert Lächeln ins Gesicht,
gibt Selbstvertrauen,
lässt uns Brücken bauen.

Weitergehen
weckt Kräfte von innen,
neue Energien, die gewinnen,
mit wachem Blick, guter Sicht
strahlt ein starkes Licht.

Weiter … g e h e n
weitet den wachen Blick.
„Weiter vor"!
Befreit vom Zurück,
öffnet, macht bewusst bereit
den Weg in weite Endlichkeit.

Im Gedenken an

Rainer Maria Rilkes Wort

vom Himmel schönstem Ort

und an einen, der unsere Welt

„unendlich sanft in seinen Händen hält!"*

(*Quelle: Rilke, Rainer Maria: Herbst, in: Landgraf, Kim (Hrsg.): Triffst du nur das Zauberwort. Die schönsten deutschen Gedichte. Anaconda. 2. Auflage München 2021, S.178).

März 2021

Idealist oder Realist?

Sag, wer du bist,
was du sein willst:
Idealist oder
doch Realist!

Ideale, Ziele haben,
das ist viel wert!
Es sind die Gaben,
mit denen man gut fährt!

Ideale weisen den Weg,
den wir gehen wollen.
Auch holprige Strecken
lassen mutig werden,
wieder neue Kräfte wecken!

Realitäten erkennen –
Ist das die bessere Option?
Günstigen Vorteil sehen,
den täglichen Nutzen,
den materiellen Lohn?

Ist das die Lösung?

Probleme realistisch einschätzen,
Chancen, Risiken abwägen,
nicht nur träumen, doch bedenken,
sich sozial gut vernetzen,
den Blick konzentriert
auf das Wesentliche lenken?

Nun, wie ist zu entscheiden?
Realo oder Idealist?
Wann, wo auch immer,
es kommt darauf an,
wer du sein willst,
wirst oder bist!

Kurzum, es kann nicht schaden,
von beidem reichlich zu haben!

17-12-2021

Wer bist Du? Wer willst Du sein?
Typenskizzen

Der Realist
steht auf festem Grund,
prüft, packt an,
was möglich und erfolgreich ist.

Der Idealist
hat Visionen
hehre, edle Ziele,
davon oft so zu viele.

Der Illusionist,
er träumt,
glaubt oft,
was nicht wirklich ist.

Der Skeptiker
sieht das dicke Ende,
wenn es noch nicht
gekommen ist.

Der Fantast

lebt von den Sternen,

ist dort immer Gast.

Der Fatalist

gibt sich dem Schicksal

in die Hände,

sieht nur das Elend ohne Ende.

Der Pessimist

trägt es schwer,

was noch nicht wirklich ist.

Der Optimist

nimmt's nicht so tragisch,

wie es wirklich ist.

So magst du entscheiden,

was für DICH das Wichtigste ist!

Oktober 2022

Noch ein Gedanke

Kennst du dich?

Frage nicht: Wer du sein sollst!
                 Wie du verstanden wirst!

Frage: Was du geworden bist!
                 Was du willst!

Was zählt: Das bist DU!
                 Das ist dein selbst bestimmtes Ich!

Was zählt: Das ist DEIN Ziel, DEINE Aufgabe,
                 DEIN Werk, DEIN Lebensinhalt!

Vor allem: Die Suche nach WAHRHEIT
                 für DICH und DEINE Anderen.

17.05.2023

Das Wortspiel
mit Begriffen

Wer kennt das nicht,

Spiel mit Worten und Begriffen.

Verdreht, gedrechselt,

mit gewagten Kniffen,

zur Belustigung mit fröhlichem Spaß,

das ist und macht doch was!

Ich mag es mir nicht verkneifen,

Worte verwechselt zu unterscheiden,

intellektuell, intelligent, interessiert,

oft im Umgang miteinander etikettiert,

solche Wort-Ungetüme dürften

sprachlich noch reifen.

Intellektuell klingt

zunächst extrem grell,

betont über Maß den Verstand,

einem Etikett gleich

auch die Einseitigkeit

so manch großer Geister

in diesem Land.

Intelligent trifft das Wort,

man oft verkennt,

zeigt so viele positive Momente,

so vernünftig, klug,

verständig, begabt,

das verkürzt pauschal gesagt.

Interessiert – das ist das Wort,
das nicht bedrängt, nicht pressiert,
angenehm ist es tituliert
für aufmerksam, aufgeschlossen sein,
würdigt wörtlich gar Vielseitigkeit,
signalisiert auch Weltoffenheit.

Ja, es ist so reizvoll,
mit Worten zu spielen,
als könnte man sich in Sprachinhalten
und sprachlichen Formen verlieren.

Wir entdecken zuweilen auch
kleine sprachliche Sünden,
wir täglich im Wortgebrauch
mitunter gern wiederfinden.

Juni 2022

Weißt DU was, was ich nicht weiß?
Wortspiel zum Nach-Denken

Wer weiß, wer weiß?
Wissen Sie was!
Weiß ich immer,
was ich will?
Macht mich das heiß,
was ich nicht weiß?

Schnell gesagt, gewagt:
Ich weiß, was ich weiß!
Bin ich mir da sicher, gewiss,
vielleicht schon weise?
Müsste ich mehr wissen,
um nichts zu vermissen?

Möchtest DU

das wirklich wissen?

Kümmerst DICH,

ohne zu wissen?

Oder weißt DU

es besser, dann

lass es mich wissen?

Gewissheit, Sicherheit,

gewogen – ganz ehrlich

mit gutem Gewissen –

Wissen um und für

das Leben fürwahr

ist gewiss unentbehrlich!

Ist des Menschen Wissbegier
UNS wesenhaft, naturgegeben?
Was ist der Mensch?
Was kann ich wissen?
Philosophisch gedacht – das
fragte Immanuel Kant schon hier!

Fördert doch Wissenschaft
zum Wesen und Nutzen
der Menschheit aller
notwendiges Lebenswissen,
so jetzt und in Zukunft
nachhaltig erforscht, erschafft!

Was ist wert zu wissen?
Sind wir uns im Klaren,
vom Wissen zur Erkenntnis
den richtigen Weg
besten Wissens und Gewissens
zu finden, auch zu erfahren?

Ehrlich! Inneres Bekenntnis
weist zu wahrer Erkenntnis,
dass – Sokrates gleich –
zu welchem Preis
ich zuletzt zu wenig vom
wissenswerten Leben weiß!

Gut zu wissen!

25.03.2023

Zeit – Zeiten

Zeit – nur den Moment,
erlebt, erfahren, bewusst –
mit großer Lust
so schnell verbrennt.

Zeit verrinnt im Flug.
Nutze sie klug!
Doch ohne Sinn
ist sie bald dahin!

Zeit – hier Episode –
gewährt in jener Lebensphase,
wenig in bescheidenem Maße,
kommt sie oft in Mode.

Zeit – Zeitepochen.

Vergangene Geschichte,

Kriege, Elend, Strafgerichte,

Friedenszeiten Jahrhunderte erhofft,

von Dauer nur so oft

wenige Jahre-Monate-Wochen.

Zeit – schönster Augenblick.

Das Schöne schauen jetzt,

und nicht später zuletzt,

ist höchstes Lebensglück!

Zeiten – im anderen Licht

gesehen – ändern sich,

wie wir uns mit ihnen.

Müssten wir nicht dann

Zeit uns verdienen?

05.11.2022

Was zu ändern ist

Es ist so, wie es ist,
auch wenn der Mist
doch zum Schluss
beseitigt werden muss!

Muss alles so bleiben?
Frei kannst du entscheiden!
Kannst es sagen,
fragen in diesen Tagen.

Kann das sein,
was nicht sein darf?
Geht's auch anders,
woanders, und wann?

Es darf sein,
auch dann,
was – so mal gesagt –
nicht sein kann!

20.03.2023

Tür verschlossen oder nicht?
Routine nützlich, auch gefährlich?

Routine: Warum? Wozu?

Was bedeutet sie uns?
Darauf sich verlassen?
Ist in vieler Hinsicht gut.
Gewiss braucht's dazu nicht
besonders großen Mut!

Routine – nötige Sicherheit!

Ruhig Blut tut gut!
So man in sich ruht!
Gern am besten immer!
Klappt's mit der Routine nicht,
wird's oft viel schlimmer!

Routine – Gewissensfragen!

Vergessen? Schuldkomplexe!
Die Tür wirklich abgeschlossen?
Wo ist der Schlüssel nur geblieben?
Gesucht, nicht gefunden!
Schon verwunden?
Sich damit plagen?

Routine – Leichtigkeit!

Was soll's? Mal sehen!
Starkes Selbstvertrauen!
Wird gut schon gehen!
Wenn nicht, könnte ein
Bösewicht zu seinem Nutzen
solch' Gelegenheit fix nutzen!

Was sagt uns das?

Das Gedächtnis
trainieren täglich,
ist gewiss
nicht schädlich!

30.03.2023

Auf! Pack mer's!
Praktische Lernhilfen

Ur-bayrisch bekannt,
praktische Ansage genannt:
Packen wir's an,
jeder, so wie er's kann,
alle sind jetzt dran!

Auf geht's! Ermunterung!
Tatkraft gefragt, angesagt:
Ihr lernt das beizeiten,
Bummeln lohnt nicht,
auch nicht das Streiten!

So richtig auf der Spur
braucht's überzeugend nur
den Anstoß, den Appell,
dann läuft die Sache
aus Erfahrung zügig-schnell!

Zuweilen auch Überwindung,
das tut dem Lernen gut!
Steht die Note im Kopf auf Spitz,
lockert, motiviert, hilft
flugs einfallsreich ein Witz!

Pfiffig-lustig ein GAG,
bald ist zu diesem Zweck
so manche Lernblockade weg!
Schüler*innen so zufrieden
solch' taffe Lehrertypen lieben!

16.07.2023

Herbstwandern – wohin?

Sonntag früh wandern
ohne Ziel – wohin?
Sonniger Herbst, luftig-windig,
raschelndes Winterlaub,
Tritte spüren, kreuz und quer.
Was willst du mehr!
Was treibt dich dahin?

So viele Gedanken kreisen,
Zeichen weisen weite Wege!
Wie entscheiden? Wohin?
Fragen: Was tun? Wozu? Warum?
Sinnfülle! Lebensformen! Welche?
Noch bleiben Antworten stumm!

Unerklärlich, gleichsam
getragen wie von selbst,
führen Wege immer weiter.
Schon jahrelang,
allzu oft ruhelos!
Was bedrückt dich bloß?

Von Gottfried Benn
zu Martin Buber
geformt, gedacht,
stellt die Lebensfrage sich:
Wann? Wo? Auf welchen Wegen
wird der Mensch am DU zum ICH?

Endlich! Eingegeben,
wie von Zauberhand,
nunmehr nicht verwunderlich,
den Herbstnebel jetzt
durchstrahlt helles Licht,
stärkt Gedanken der Zuversicht!

Jetzt spüre, erkenne ich,
WER-WAS-WIE
ICH geworden bin,
Antworten auch für mich
zu Sinn-Wesens-Fragen
WOHER – WOHIN!

Oktober 2021

Lebenshilfen- Lebensfragen

Ein lustig-listig Verslein
zu gegebener Zeit
macht nicht dümmer,
vielleicht gescheiter
… und so weiter!

Zuweilen Limericks,
gereimte Witze so mal fix,
hellen die Stimmung auf
in manch traurigem Gesicht.
Leichter geht's wohl nicht!

Geht das Gerücht
nun mal so rundum,
die Kunde in der Runde,
Jed-Frau, Jed-Mann
schlage bald die Stunde.

Niemand – jung noch alt –

will es wissen,

glauben vor allem nicht,

verdrängt vehement

derart trübe Gedanken

mit aller Macht,

was dann doch noch

mehr Sorgen schafft!

Wenn es wirklich

ist so weit, kränklich

manch' Frau, manch' Mann

Zeter und Mordio schreit,

merkt, bekennt sodann,

dass frau/man das Schicksal

doch nicht mehr ändern kann!

Nichts geht mehr!
Dabei es ist so, wie es sei!
Erben-Sprüche makaber:
So, das war ER!
So war SIE eben!
Tatsächlich liebten
beide nur das Leben!

Mit Älterwerden klüger?
Illusion, nur Träume?
Lebenserfahrung, Kenntnis,
Erkenntnis, Meinung,
Urteil älterer Generationen,
privat, öffentlich gesetzt,
künftig auch wertgeschätzt?

Sind Weise heutzutage selten?
Bewährte Lebensweisen, Werte,
Lebensformen, Traditionen,
werden diese lang noch gelten?

30.07.2023

Lebens-Träume

Einmal die Welt umrunden,
Abenteuer heil bestehen
in erlebnisreichen Stunden!
Richtige Wege finden,
selbst sich überwinden!
Vieles nicht zu wichtig nehmen,
dem Leben mehr Farbe geben!

Gutes tun mitbedenken,
allen öfter mal
ein Lächeln schenken!
An eigene Ziele glauben,
hängen noch so hoch die Trauben!
Familienfrieden stiften,
Freundschaften pflegen, hegen!

Ärgernissen beherzt begegnen,

Konflikte lösen, Wege ebnen!

Zusammen lustig feiern,

gemeinsam gut kochen,

gesund genussvoll speisen!

Gute Ziele, die in die

richtige Richtung weisen!

Frische Luft, sauberes Wasser,

schadstofffreie grüne Natur!

Mobil sein, sich viel bewegen!

Lebensfreude PUR,

Wandern, Spazieren, Radeln,

Musizieren, Singen, Tanzen!

Das alles zählt zum guten Leben!

Gesundheit! Vertrauen!

Nach der großen Liebe schauen!

Im Leben nichts versäumen!

Warum nicht davon träumen!

Hoffnung! Die EINE Welt,

sozial gerecht in Sicherheit,

die uns zusammenhält!

Frieden! Traum aller Menschen!

Warum Kriege, Klimaschäden!

Politik braucht Weitblick

mit diplomatischem Geschick!

Visionen, keine Illusionen!

Das wäre unser Lebensglück!

08.07.2023

VII

Nachworte

Lebensperspektiven

Lebenssinn
finden, bewahren!
Lebensinhalte mit Sinn
wählen, gestalten!
Das eigene Leben
mit den Jahren
als Geschenk erfahren!

Lebensziele
entdecken, sicher setzen!
Lebensgeister wecken!
Herausforderungen
mit Zuversicht begegnen!
Lebensprüfungen
mutig bestehen!

Lebenswege
mit Selbstvertrauen
gemeinsam gehen!

Lebensfragen:
Ewig? Wozu? Wohin?
Antworten zum Leben
können wir uns
selbst nur geben!

Es ist einzig!
Das eigene
besondere Leben!

Fragen, suchen
nach dem Sinn <u>des</u> Lebens?
Man/frau muss es sagen:
Das Leben selbst <u>ist</u> Sinn!

10.11.2023

Trotz alledem

Geht's uns schlecht,
vielleicht zurecht,
oder auch nicht,
alles im Leben
hat Bedeutung,
hat Gewicht!

Was macht Sinn,
was ist wahr,
was unser Gewinn?
Nicht schon,
was Nutzen bringt,
uns in Formen zwingt!

Starren Formen
können wir uns erwehren,
dagegen aufbegehren.
Wir können offen streiten,
die Augen offenhalten,
Blickfelder weiten!

Immer, immer noch
können wir jedoch
frei entscheiden,
wohin wir gehen,
warum, weshalb, wozu,
nicht nur mal soeben.
Humor mag uns begleiten,
wieder neu beleben!

November 2023

VIII
Schluss-Plädoyer

Bonmot zum Schluss,
was sich noch ändern
kann oder gar muss,
ohne täglichen Verdruss!

Notwendig ist Ein-Sicht,
der Blick nach innen!
Auf diesem Weg können
wir alle nur gewinnen!

Lebensreportage
insoweit unvollendet.
Der Blick auch zurück
sieht Zufriedenheit und Glück!

Befreit jetzt von Lebenslast,
aktiv viele lange Jahre,
lebenserfahren gefasst,
spät zwar, mit mehr Courage!

Nicht stiller Kummer!
Nicht die stumme Nummer!
Das alles nicht! Nichts
bringt uns mehr in Rage!

Weniger laut, öfter
lächelnd leise,
macht uns vielleicht
auch ein wenig weise!

Auf gutem Weg gern bereit
zu Humor und Leichtigkeit!
Dies diem docet!
Bene eveniat!

Viel Glück!

10.11.2023

IX

Dankesworte

Dank den vielen guten Geistern, die mir begegnet sind, oft mich zu sinnigen und heiteren Versen angeregt haben. Dank meiner Familie, nahestehenden Verwandten, guten Freunden, meinen Kollegen*innen, Schülern*innen. Dank netten Nachbarn*innen, allen interessierten Lesern*innen, fröhlichen unternehmungslustigen Weggefährten*innen.

Für gute Ideen, Ermutigungen danke ich vor allem meiner Schwester Nora, meinem engen Freundeskreis mit Andrea, Gisela, Heidi, Martina, Monika, Sabine, Bernhard, Heinz, Henry, Lars, den Familien Deichmann, Döring, Holtewert, Schwarz, Sperlich, den Balvern mit Antje, Gudrun, Burkhard, Lars, den Familien Körber, Hoppe sowie Thomas für redaktionelle und drucktechnische Hilfen.

Dank auch Buch-, Theater-, Musikfreunden in Iserlohn, Hemer, Balve, Menden, Nils Gamm- Kulturbüro Iserlohn für wohlwollend kritische Anregungen.

Besonderen Dank schulde ich dem Lektorat des Novum Verlages für die umsichtige Vorbereitung der Veröffentlichung des Gedichtbandes.

Meinen verstorbenen Eltern dankbar gewidmet.

Iserlohn, im Dezember 2024
Fred Michael Heidler

X-1 Verzeichnis der Gedichte
nach Kapiteln geordnet

XI   Literaturauswahl nach Sachgruppen

A   Humorvolle und ironische Texte und Gedichte

Busch, Wilhelm: Solange Herz und Auge offen. Die schönsten Gedichte. Anaconda. Ausgewählt von Kim Landgraf, München 2021.

Busch, Wilhelm: Das Beste von Wilhelm Busch. Ausgewählte Werke, hrsg. von Gert Ueding. Reclam. Stuttgart 2020.

Erhardt, Heinz: Lach mal. Mit Bildern von Gerhard Glück. Lappan-Carlsen. Oldenburg-Hamburg 2018.

Erhardt, Heinz: Die Gedichte. Mit Illustrationen von Jutta Bauer. Lappan-Carlsen. Oldenburg-Hamburg, 8. Auflage 2021.

Kästner, Erich: Doktor Erich Kästners lyrische Hausapotheke. Gedichte für den Hausbedarf. Atrium. Zürich. 6. Auflage 2017.

Kästner, Erich: Ein Dichter gibt Auskunft. 121 Gedichte. Ausgewählt und mit einem Essay von Marcel Reich-Ranicki. Atrium. Zürich. 2. Auflage 2018.

Kästner, Erich: Sachliche Romanzen. Gedichte über die Liebe und andere unvermeidliche Dinge. Sonderausgabe. Atrium. Zürich 2007.

Kästner, Erich: Herz auf Taille. Mit Zeichnungen von Erich Ohser. Atrium. Zürich, dritte. Auflage 2020.

Kästner, Erich: Es gibt nichts Gutes, außer: Man tut es. Kurz und bündig. Epigramme. Mit Zeichnungen von Christoph Niemann. Atrium. Zürich. 4. Auflage 2019.

Kunze, Horst (Hrsg.): Dunkel war's, der Mond schien helle, schneebedeckt die grüne Flur, als ein Wagen blitzesschnelle langsam um die Ecke fuhr. Eine Sammlung von herrenlosen Scherzdichtungen, älteren und neueren Kindereien, Klapphornversen, Leberreimen, Lügenliedern, Gassenhauern und anderem höheren Unsinn mit und ohne tiefere Bedeutung. Mit Bildern geziert von Anja Stiehler. Faber & Faber Leipzig 2005.

Morgenstern, Christian: Morgenstern zum Vergnügen. Reclam. Stuttgart 2014.

Morgenstern, Christian: Alte Galgenlieder. Reclam. Stuttgart 2019.

Morgenstern, Christian: Als Gott den lieben Mond schuf. Die schönsten Gedichte. Anaconda. Köln 2017.

Ringelnatz, Joachim: Überall ist Wunderland. Die schönsten Gedichte. Ausgewählt von Christopher Heil. Anaconda. München 2022.

Ringelnatz, Joachim: Gesammelte Werke. Gedichte und Erzählungen. Anaconda. Köln 2015.

Reuter, Fritz: Sprüche für jede Gelegenheit, Teil I und Teil II. Taschenbuch. Edition Godewind. Wismar 2006.

Roth, Eugen: Das Beste von Eugen Roth. Zusammengestellt von Christine Reinhardt. Anaconda. Hanser-Lizenzausgabe. München 2008.

Wieland, Christoph Martin: Wieland zum Vergnügen. Reclam. Stuttgart 2012.

B   Sammelbände Deutscher Gedichte

Conrady, Karl Otto (Hrsg.). Das große deutsche
Gedichtbuch. Athenäum. Königstein. 2. Auflage 1978.

Reich-Ranicki, Marcel (Hrsg.): Die besten deutschen
Gedichte. Insel-Verlag. Berlin. 8. Auflage 2019.

Kling, Thomas (Hrsg.): Sprachspeicher. 200 Gedichte auf
Deutsch vom achten bis zum zwanzigsten Jahrhundert
eingelagert und moderiert von Thomas Kling. Dumont.
Köln. 1. Auflage 2001.

Landgraf, Kim (Hrsg.): Triffst du nur das Zauberwort. Die
schönsten deutschen Gedichte. Anaconda. München 2021.

Moritz, Lukas (Hrsg.): Die schönsten deutschen Gedichte.
Anaconda. München 2021.

Schachtsieck-Freitag, Norbert (Hrsg.): Tageszeiten-Gedichte.
Insel-Verlag. 1. Auflage. Frankfurt 1989.

C   Poetische Texte und Gedichte

Ausländer, Rose: Und nenne dich Glück. Gedichte. Fischer Taschenbuchverlag. Frankfurt 1995.

Ausländer, Rose: Ich spiele noch. Fischer Taschenbuchverlag. Frankfurt 1991

Benn, Gottfried und Florschütz, Thomas: Blumen. Mit einem Nachwort von Durs Grünbein. Insel-Verlag. Berlin. 2. Auflage 2018.

Eichendorff, Joseph: Gedichte-Versepen. Insel-Verlag. Frankfurt/Main und Leipzig. 4. Auflage 2020.

Falkenberg, Miriam: Nenn mir ein anderes Wort für zart. Gedichte, die mit dem Stift der Liebe geschrieben sind – mit Illustrationen von Uli Winkler. Falkenberg Verlag München 2021.

Fontane, Theodor: Gedichte. Ausgabe 1898. 5. Vermehrte Auflage (W. Hertz) 1898. Neuausgabe mit einer Biografie des Autors, hrsg. Von Karl Maria Guth. Berlin 2016.

Heine, Heinrich: Sämtliche Gedichte. Kommentierte
Ausgabe, hrsg. von Bert Kortländer. Reclam jun. Ditzingen
2022.

Hesse, Hermann. Die Gedichte. Suhrkamp, 13. Auflage.
Berlin 2017.

Hesse, Hermann: Freude am Garten. Betrachtungen und
Gedichte. Mit farbigen Abbildungen. Hrsg. von Volker
Michels. Insel-Verlag. 12. Auflage. Berlin 2017.

Larsson, Carl. Das Frühlingsalbum. Bilder, Gedichte &
Gedanken. Benno-Verlag. Leipzig 2003.

Rilke, Rainer Maria: Die schönsten Gedichte. Insel-
Verlag.10. Auflage. Berlin 2020.

Storm, Theodor: Gedichte. 7. Ausgabe. Berlin 1885.
Neuausgabe mit einer Biografie des Autors, hrsg. von Karl
Maria Guth, 2. Auflage Berlin 2016.

Von Landsberg, Mareike (Hrsg.): Zusammen durch dick
und dünn. Geschichte und Gedichte über die Freundschaft.
Anaconda. München 2020.

D   Gedichte und Balladen der Klassik

Damm, Sigrid (Hrsg.): Friedrich Schiller. Die seligen Augenblicke. Gedichte. Insel-Verlag. Frankfurt/Main und Leipzig 2013.

Eibl, Karl (Hrsg.): Johann Wolfgang von Goethe. Sämtliche Gedichte. Insel-Verlag. Frankfurt/Main und Leipzig. 3. Auflage 2019.

Hölderlin, Friedrich: Sämtliche Werke, hrsg. von Jochen Schmidt. Deutscher Klassik-Verlag. Frankfurt/Main. 4. Auflage 2019.

Klassik Stiftung Weimar (Hrsg.): Raum für Gedichte. 17 Texte von Johann Wolfgang von Goethe anlässlich des Themenjahres Sprache, Weimar 2022.

Laufhütte, Hartmut (Hrsg.): Deutsche Balladen. Reclam jun. Ditzingen 2019.

Schmidt, Jochen (Hrsg.): Goethes schönste Gedichte. Insel-Verlag Frankfurt/Main 1982.

Simm, Hans-Joachim (Hrsg.): Friedrich Schiller. Man liebt
nur, was einen in Freiheit setzt!
marixverlag. Wiesbaden 2013.

Trunz, Erich (Hrsg.): Goethe-Gedichte. C.H. Beck. 16.
Auflage. München 1996.

E   Gesellschaftskritische Texte und Protestgedichte

Brecht, Berthold: Hauspostille. Büchergilde Gutenberg
Frankfurt/Main-Wien-Zürich 1973- Lizenzausgabe von
Suhrkamp Frankfurt/Main 1960.

Borchert, Wolfgang: Sämtliche Werke. Anaconda. München
2022.

Fried, Erich: Reich der Steine. Zyklische Gedichte. Claassen
Hamburg. Erstausgabe 1963.

Heine, Heinrich: Sämtliche Gedichte-Versepen.
Kommentierte Ausgabe. Herausgegeben von Bernd
Kortländer, Kapitel Zeitgedichte, S. 401-425, S. 449-463,
S.798-805. Reclam jun. 4. Auflage. Ditzingen 2022.

Hoffmans, Gerd (Hrsg.): Gottfried Benn. Ausgewählte Gedichte mit Nachwort. Diogenes. Lizenzausgabe Limes-Verlag, Wiesbaden 1963.

Kästner, Erich: Die Montagsgedichte. Mit einem Vorwort von Marcel Reich-Ranicki. Kommentiert von Jens Hacke. Atrium. Zürich. 1. Auflage 2022.

Lammert, Norbert: Glaube braucht Vernunft. Verantwortung vor Gott und den Menschen. Benno-Verlag. Leipzig 2023.

Prantl, Heribert: Die Kraft der Hoffnung. Denkanstöße in schwierigen Zeiten. Süddeutsche Zeitung Edition. 2. Auflage. München 2017.

Prantl, Heribert: Außer man tut es. Politische Porträts der Zeitgeschichte. Süddeutsche Zeitung Edition. München 2019.

Sen, Amartya: Die Welt teilen. Sechs Lektionen über Gerechtigkeit. Aus dem Englischen übersetzt von Jens Hagestedt, Sabine Reinhardus und Heike Schlatterer. C.H. Beck Verlag. München 2020.

Tucholsky, Kurt: Gesammelte Werke. Erzählungen und Gedichte. Anaconda. Köln 2018.

Weber, Max: Politik als Beruf. Reclam jun. Ditzingen 2019.

Wickert, Ulrich: Der Ehrliche ist der Dumme. Über den Verlust der Werte. Ein Essay. Verlag Hofmann und Campe. Neuausgabe. 3. Auflage. Hamburg 2022.

F   Witziges-Spritziges-Geistreiches
     Regionale Sprichwörter, Schimpfwörter,
     Mundarttexte und Redensarten

Autorenkreis Ruhr Mark (Hrsg.): Zusammenhalt. Geschichten und Gedichte westfälischer Autorinnen und Autoren. Wuppertal 1. Auflage 2021.

Baehr, Albrecht: Humor aus Schlesien. Witziges und Spritziges aus Nieder- und Oberschlesien. Husum. 11. Auflage 2021.

Frederking, Walther (Hrsg.): Lateinische Weisheit im Alltag. Anaconda. Köln 2012.

Grunzke, Mike: Bissige und charmante Hunde-Karikaturen mit Sprichworten und Zitaten. Erstausgabe. Linz. November 2020.

Grunzke, Mike: Absurde Bürokratie-Karikaturen mit Verordnungen und Bürokratietexten. Erstausgabe. Linz. Juli 2021.

Knappstein, Herbert: Ja, bin ich der Leo? Alltagssprache im Sauerland. Schmallenberg. 7. Auflage 2018.

König, Hans: Die Ärzte und die Banken, die nehmen's von den Kranken. Humorvolle und satirische Verse. Iserlohn. 1. Auflage 2015.

Namislow, Ulrich: Reizwörterbuch. Für Wortschatzsucher. Logo-Verlag Eric Erfurth. Obernburg am Main 2014.

Schenke, Ernst: Gesammelte Werke, Band 2. Das schlesische Jahr. Gedichte in schlesischer Mundart. Schlesierverlag L. Heege, Schweidnitz-Reutlingen 2001.

Seidl, Helmut: Nürnberger Tand geht durchs Land. Sprichwörtliche Porträts fränkischer Orte. Verlag Friedrich Pustet. Regensburg 2012.

Schmauks, Dagmar. Dummheit. Schimpfen. Ein Ratgeber. Eric Erfurth. Obernburg am Main. 2. Auflage 2016.

Schomburg, Andrea und Heidelbach, Nikolaus (Hrsg.):
Schimpfwörter, die es nicht auf Hochdeutsch gibt. Mit
Illustrationen von Nikolaus Heidelbach. Dumont. Köln 2023.

Vorberger, Lars: Hessisch. Vom Babbeln und Schnuddeln.
Duden Verlag. Berlin 2022.

Wagner, Gerhard. Schwein gehabt. Redewendungen des
Mittelalters. Regionalia Verlag. Daun. 50. Auflage 2022.

Wessel, Friedhelm (Hrsg.): Machet gut, Schwatte.
Geschichten und Gedichte zum Abschied von unserer Kohle.
Verlag Henselowsky Boschmann. Bottrop. 2. Auflage 2018.

G   Philosophische Orientierungen. Textauswahl

Ackermann, Erich (Hrsg.). Cicero. Vom Sinn und Zweck des
guten Lebens. Anaconda. München 2021.

Buber, Martin: Ich und DU. Mit einem Nachwort und
Anmerkungen von Bernhard Lang. Reclam jun. Verlag
Ditzingen 2021. Lizenzausgabe Gütersloh-München-
Heidelberg 1983.

Coelho, Paulo: Leben. Gedanken aus seinen Büchern. Diogenes. Zürich 2007.

Cathcart, Thomas und Klein, Daniel: Platon und Schnabeltier gehen in eine Bar. Philosophie verstehen durch Witze. Goldmann Verlag. Taschenbuch. 12. Auflage. München 2010.

Hackemann, Matthias (Hrsg.): Epikur. Von der Lust zu leben. Anaconda. Köln 2014.

Kant, Immanuel: Was ist Aufklärung? Aufsätze zur Geschichte und Philosophie, hrsg. von Jürgen Zehbe. Vandenhoeck& Ruprecht. Göttingen 1975.

Kant, Immanuel: Die drei Kritiken. Kritik der reinen Vernunft. Kritik der praktischen Vernunft. Kritik der Urteilskraft. Anaconda. Köln 2015.

Laotse: Tao te king. Das Buch des alten Meisters vom Sinn und Leben. Aus dem Chinesischen übersetzt und erläutert von Richard Wilhelm. Anaconda. Köln 2014.

Safranski, Rüdiger: Zeit. Was sie mit uns macht und was wir aus ihr machen. Carl Hanser 2015. Lizenzausgabe für Fischer Taschenbuch Frankfurt/Main. März 2020.

Zimmermann, Daniela (Hrsg.): Wer sind wir? Ein philosophisches Lesebuch: Die abendländische Philosophie von Aristoteles bis Wittgenstein. Anaconda. Köln 2022. (Auswahl-Kapitel: Heraklit: Alles fließt, S.25-28; Platon: Höhlengleichnis, S. 66-74; Epikur: Die Lust im Garten des Lebens, S. 107-109; Machiavelli: Die Philosophie der politischen Macht, S. 284-286; Leibniz: Monadologie, S. 398-413; Rousseau: Der Mensch ist frei geboren, S. 453-457; Kant: Die gewagten Abenteuer der Vernunft, S. 478-483; Kierkegaard: Existenz aus Leidenschaft, S. 579-583.; Arendt: Philosophie und Politik im Licht der Menschlichkeit, S. 658-662, Nagel: Das letzte Wort. Der Tod. Der Sinn des Lebens, S. 687-698).

Der Autor

Fred Michael Heidler wurde 1943 in
eine Familie von Lehrern und eine
Dynastie von Bierbrauern geboren.
Er erwarb Qualifikationen als Berufs-
pädagoge; Sonderpädagoge und
Sozialwissenschaftler für das Enga-
gement in der Jugend- und Erwach-
senenbildung sozialer Randgruppen.
Er war Fachberater für Schulprojekte,
unterrichtete in verschiedenen Schulformen, davon
33 Jahre in einer Jugendvollzugsanstalt.
Zu seinen Hobbys gehören neben dem Schreiben
und Lesen, auch Klavierspiel, Reisen, Konzertbesu-
che, Theater und Laienspiel.

Der Verlag

*Wer aufhört
besser zu werden,
hat aufgehört
gut zu sein!*

Basierend auf diesem Motto ist es dem novum Verlag
ein Anliegen, neue Manuskripte aufzuspüren, zu ver-
öffentlichen und deren Autoren langfristig zu fördern.
Mittlerweile gilt der 1997 gegründete und mehrfach
prämierte Verlag als Spezialist für Neuautoren in
Deutschland, Österreich und der Schweiz.

**Für jedes neue Manuskript wird innerhalb we-
niger Wochen eine kostenfreie, unverbindliche
Lektorats-Prüfung erstellt.**

Weitere Informationen zum Verlag und
seinen Büchern finden Sie im Internet unter:

w w w . n o v u m v e r l a g . c o m